AF269813

Más allá de uno mismo

Giorgio Nardone
Stefano Bartoli

Más allá de uno mismo

Ciencia y arte de la *performance*

Traducción: Maria Pons Irazazábal

Herder

Título original: Oltre sé stessi. Scienza e arte della performance
Traducción: Maria Pons Irazazábal
Diseño de la cubierta: Gabriel Nunes

© 2019, *Adriano Salani Editore, s.u.r.l., Milán*
© 2019, *Herder Editorial, S.L., Barcelona*

ISBN: 978-84-254-4390-9

Imprenta: B-24.322-2019
Depósito legal: Liberdúplex

Impreso en España – Printed in Spain

Herder
www.herdereditorial.com

Índice

Prólogo

El deseo del hombre de superar sus propios límites no es un fenómeno moderno, sino una antigua razón fundamental del progreso y de la evolución que nos ha llevado de las cavernas a las naves espaciales. Desde la más remota antigüedad, el impulso a enfrentarse con lo desconocido y a superar las propias limitaciones ha ejercido tanta fascinación como temor. Piénsese en la aventura de Ícaro y en su trágico final, precisamente a causa del deseo de traspasar los límites humanos.

Durante milenios, solo unos pocos elegidos pudieron cultivar el deseo de aventura, la evolución de sí mismos, el enfrentamiento con obstáculos aparentemente insuperables.

Hoy en día, en la llamada «sociedad líquida» (Bauman, 2000) de la comunicación de masas, las cosas parecen muy distintas: se cree que cualquier objetivo es fácil de alcanzar y que no exige, además del talento natural, sangre, sudor y lágrimas, como en el pasado. Pero es solo una ilusión. Aunque los avances de la ciencia y de la tecnología prometen lograr lo que antes parecía ciencia ficción, en el aspecto de la evolución personal y del intento de traspasar los propios límites las cosas no han cambiado mucho. Si bien el nivel del rendimiento personal se ha elevado, cosa que permite que los individuos se superen a sí mismos, sigue siendo un proceso en el que el talento se conjuga con el ejercicio y la dedicación, apoyados a su vez por el sacrificio, por una fuerte motivación y por la aceptación del riesgo de fracaso. El científico, el artista, el deportista, el mánager triunfador que deseen superar sus límites siempre han de rendir cuentas consigo mismos.

Pero, a menudo, las cuentas no salen y, como afirmaba Catón, «lo que te falta tienes que pedírtelo prestado a ti mismo». En tu rendimiento personal estás solo y la lucha por superar los límites es tuya y de nadie más.

Eso significa que, por muchas ayudas extraordinarias que podamos tener hoy, cuando queremos obtener cierto resultado, en el momento en que llegamos al límite y pretendemos superarlo, podemos y debemos recurrir a nuestra capacidad de sacar de dentro nuevos recursos para añadirlos a los ya utilizados. Esto hace que el hombre moderno se asemeje al antiguo.

Por consiguiente, hablar de ciencia de la *performance*[1] nos reconduce al estudio de las prácticas antiguas y modernas para obtener rendimientos extraordinarios.

¿Cómo fueron capaces los grandes inventores de superar los límites de su imaginación? ¿Mediante qué ejercicios

1 Entenderemos por *performance* tanto el rendimiento de una persona respecto de una determinada acción, como su desempeño o actuación durante esa acción. Y *performer*, a la persona que ejecuta dicha acción, el intérprete.

los monjes shaolin desarrollan capacidades sobrehumanas en el combate? ¿Con qué condicionamientos mentales los maestros tibetanos aprenden a resistir al hielo? ¿De qué modo los yogin consiguen mantenerse vivos en condiciones imposibles? ¿Cómo elabora el gran científico una teoría capaz de superar las anteriores?

Estos son algunos ejemplos de experiencias de superación de los propios límites a los que nos referiremos para analizar los métodos elaborados por el hombre a lo largo de la historia y en las diversas tradiciones culturales, y para elaborar modelos avanzados de ciencia de la *performance*.

¿Qué tienen en común las personas que han traspasado, cada una en su campo, los límites de lo humano? ¿Qué es lo que une a Edison y a Alejandro Magno, a Leonardo da Vinci y a Mozart, a Albert Einstein y a Charlie Chaplin, a Picasso y a Alexander Fleming, a Marco Aurelio y a Agustín de Hipona, a Pascal y a Arquímedes, a Alessia Zecchini y a Bill Gates, a Michael Phelps y a Steve Jobs? Todos pertenecen a una categoría de personas que José Ortega y Gasset definió como «buscadores», esto es, sujetos forzados por su naturaleza y experiencia a buscar más allá de los límites de lo conocido y de lo funcional. Así habla de ellos el filósofo español: «Busca, buscador; tu destino es buscar».

Plutarco, gran biógrafo y autor de los primeros *best sellers* de la historia, en *Vidas paralelas* destacó características y cualidades de los grandes hombres comparando su vida y sus gestas. Lo que se desprende es que las capacidades extraordinarias se asocian muy a menudo con personalidades fuertemente desequilibradas: desde esta perspectiva, genio y desorden, valor y crueldad, arte y locura son la regla y no la excepción. Friedrich Nietzsche cultivó la filosofía de traspasar los límites proponiendo una interpretación dionisíaca de la vida, en el sentido de superación de los vínculos impuestos por la ciencia y por la moral, cuando estos se anquilosan en sistemas de reglas prescriptivas. No obstante, y hay que repetirlo, si bien es cierto que el genio, como dice el gran psicólogo William James, «es el que percibe las cosas de forma poco habitual», eso no significa que deba ser, por fuerza, mentalmente desequilibrado.

El deportista extraordinario cuyo rendimiento supera el límite humano —pensemos, por ejemplo, en Angelo D'Arrigo,[2] Mike Horn[3] o Alessia Zecchini[4]— no es un enfermo dependiente de adrenalina, sino una especie de científico-*performer* que conjuga conocimientos elevados con un entrenamiento de altísimo nivel. Es un aspecto

2. Angelo D'Arrigo fue un aviador y piloto de ala delta italiano. Fue campeón mundial de vuelo, pero abandonó las competiciones y los cronómetros para dedicarse al desarrollo del vuelo libre, y concibió y realizó empresas que van más allá del simple acontecimiento deportivo. Durante años estuvo estudiando el vuelo de las grandes rapaces, con las que realizó increíbles migraciones por los cielos del planeta. Sobrevoló mares y desiertos y subió a más de 9 000 metros de altura en vuelo libre, hasta llegar a superar las cimas del Everest y del Aconcagua.

3. Mike Horn es un explorador sudafricano que ha realizado diversas hazañas que antes se juzgaban imposibles, como el descenso del Mont Blanc con un *body board*. Ha batido el récord de descenso de la catarata más alta con un *hydrospeed* en el río Pacuare, en Costa Rica, y ha dado la vuelta al mundo a lo largo del Ecuador en tan solo 17 meses.

4. Alessia Zecchini es una apneísta italiana que posee el récord mundial de apnea con peso constante —105 metros (convertido luego en 107 metros)—, homologado el 10 de mayo de 2018 en San Andrés, en Colombia, con ocasión de la Nirvana Oceanquest Freediving Competition.

que hay que subrayar claramente: una ciencia moderna de la *performance* también debe basarse en una ética de la actuación, como, por ejemplo, rechazando el consumo de sustancias o el recurso a prácticas perjudiciales para la salud física y mental del deportista. De modo que la visión «romántica y decadente» del genio como individuo desequilibrado y enfermo ha sido sustituida por una perspectiva que considera al gran *performer* como una persona sana y equilibrada que, gracias a un talento cultivado mediante el ejercicio reiterado y a un conocimiento profundo, supera los límites fijados anteriormente en su campo. Por otra parte, las biografías de los grandes *performer* de la historia muestran que algunos eran, indudablemente, personas desequilibradas o atormentadas, pero otros eran personas extraordinariamente resilientes y equilibradas: estas últimas son los modelos que hay que imitar.

Un buen «maestro» se reconoce, además de por su obra, por su vida personal, que estará en armonía con la calidad de sus prestaciones. Si el nivel de la *performance* y la vida personal no están en equilibrio se producirá inevitablemente una caída, tanto en el terreno privado como en el profesional. Desgraciadamente, todavía hoy sigue ejerciendo gran fascinación la imagen del «maldito» y del «genio rebelde». El mito del *gifted*, esto es, del que confía solo en su talento, es amado y deseado por su carga romántica y heroica.

Esta obra no pretende ser una colección de recetas mágicas, sino una especie de guía y mapa «en busca del tesoro» que todos llevamos en nuestro interior. Se expondrá un método riguroso, fruto del estudio, de la investigación aplicada y de una experiencia de treinta años en el ámbito de la *performance:* es un proceso que implica cansancio y frustraciones, en el que es necesario saber resistir sin ceder, pero que si se sigue rigurosamente, proporcionará grandes satisfacciones personales y profesionales.

No hay que olvidar nunca dos reglas de oro: «Nada surge de la nada» y «Solo es derrotado el que se rinde».

1. En la mente del *performer*

*Aprende a escribir tus heridas en la arena
y a grabar tus joyas en la piedra.*

Lao Tse

La determinación resiliente

*Las dificultades a menudo preparan a las personas
normales para un destino extraordinario.*

C.S. Lewis

Como se ha anticipado en las páginas anteriores, el *performer* capaz de superar sus límites es el que, en su propio campo, consigue elevar su rendimiento a niveles extraordinarios no solo ocasionalmente, sino de manera constante y repetida. En caso contrario, una *performance* excepcional podría ser simplemente el fruto de una coincidencia de factores en circunstancias favorables. No basta una actuación aislada para considerar a un individuo capaz de superarse a sí mismo: es necesario repetir o mejorar el resultado. Un atleta que no consigue igualar o mejorar su propio récord es excepcional por ese único acto, pero no podrá ostentar el título de «buscador», según la definición de Ortega y Gasset. Igualmente, un científico que efectúa un único descubrimiento y después solo colecciona fracasos tendrá el gran mérito de esa única contribución al progreso de la ciencia, pero no se lo considerará extraordinario. Si un mánager acierta con una estrategia vencedora para su empresa, pero no consigue mantener los resultados, se lo considerará como alguien que ha dado un giro al futuro de su organización, pero no como alguien que ha sabido superar los límites de la gerencia empresarial. Si un artista realiza una única obra maravillosa, siempre será recordado por este logro, pero no se lo comparará con Miguel Ángel, Boticelli o Giotto. Para ser considerado un *performer* extraordinario no es suficiente haber producido una obra excepcional, sino que se requiere una serie continuada de resultados.

Por otra parte, como afirmaba el escritor Ignazio Silone, «el hombre no existe realmente más que en la lucha contra sus propios límites». En el momento en que se deja de buscar esa continua superación, cesa también la capacidad de superarse a sí mismo de manera constante.

No se trata tan solo de un aspecto cuantitativo, sino de una característica que define cualitativamente el perfil de quien se supera a sí mismo. En otras palabras, esta perspectiva destaca la resiliencia y la determinación como componentes esenciales del sujeto capaz de superar constantemente los resultados ya obtenidos. Este constructo psicológico se expresa en la capacidad del individuo de resistir a los inevitables golpes de la vida y a las frustraciones personales y profesionales, a lo largo de un recorrido tanto más elevado cuanto más expuesto está a obstáculos e inconvenientes. Solo puede gestionar con éxito esas dificultades el que no se deja abatir por las adversidades y dominar por los sufrimientos, sino que se alimenta de ellos para hacerse más fuerte, como el higo chumbo que no solo crece, sino que se alimenta de las cenizas de lava del Etna. No es casual que la resiliencia, como característica humana, se haya convertido en uno de los factores personales y sociales más estudiados de los últimos decenios (Nardone *et al.,* 2017) presentándose como «la diferencia que marca la diferencia» entre las personas corrientes y las que obtienen resultados notables.

Sin embargo, la resiliencia como capacidad de no dejarse aplastar psicológicamente por los fracasos y de levantarse de las caídas e infortunios no es suficiente para ser *performers* extraordinarios: para esto se requiere también una notable determinación de obtener resultados excelentes. Por tanto, la característica esencial de quien se supera a sí mismo es una «cualidad emergente»[1] entre resiliencia y determinación de conseguir el objetivo, una síntesis elevada de dos características psicológicas de por sí ya evolucionadas. Es importante subrayar que uno no nace resiliente o determinado, sino que llega a serlo enfrentándose reiteradamente a dificultades y frustraciones con vistas al objetivo prefijado. Resuenan aquí las palabras de André Malraux: «Desconfiad de quien ha tenido

1. Una cualidad emergente puede aparecer cuando un número de elementos que cooperan entre sí originan nuevas propiedades. La nueva cualidad que de ello se deriva representa una evolución del sistema.

una infancia demasiado feliz» porque, añadimos nosotros, no será capaz de superar sus límites personales. Con eso no pretendemos decir que solo se llega a ser determinado si se ha sufrido traumas o graves males, sino que quien no ha tenido que superar dificultades y frustraciones y, por consiguiente, no ha tenido posibilidad de poner a prueba su capacidad de enfrentarse a las tribulaciones, difícilmente desarrollará estas características. Como afirmó Nelson Mandela, el gran político sudafricano y premio Nobel de la paz, «las dificultades destrozan a algunos hombres, pero refuerzan a otros».

La sociedad y el modelo familiar de Occidente, unidos al ideal del bienestar y caracterizados por la sobreprotección y el permisivismo respecto de los niños y jóvenes (Nardone *et al.,* 2001), reducen al mínimo los obstáculos y sufrimientos, limitando así la posibilidad de que los hijos desarrollen resiliencia y determinación durante el crecimiento. Efectivamente, desde hace unos años se dice que Occidente es una sociedad carente de «héroes», pero repleta de débiles que querrían sentirse heroicos. El hecho de que la sociedad del bienestar produzca paradójicamente individuos más infelices y menos capaces (Nardone y Tani, 2018) no debería inducirnos a nostalgias roussonianas del «buen salvaje» o a inconsistentes teorías del «decrecimiento feliz», sino a orientar a padres e hijos hacia una plena asunción de la responsabilidad de la propia vida.

Sobre esta base, los padres deberían ofrecer a sus hijos la oportunidad de poner a prueba sus recursos personales exponiéndolos a dificultades constantes y crecientes y ofreciéndoles ayuda, pero sin reemplazarlos nunca. Por otra parte, los jóvenes deberían empezar a adquirir por su cuenta habilidades y competencias, favoreciendo el crecimiento y la mejora personal con el fin de realizar los esfuerzos necesarios para alcanzar los objetivos fijados.

Quien ha tenido una infancia y una adolescencia felices y sin problemas no tiene por qué convertirse forzosamente en un adulto débil e incapaz si está dispuesto a construir su propia resiliencia y determinación. Tampoco está escrito que quien ha tenido una infancia infeliz desarrolle automáticamente estas dos características personales. Alejandro Magno fue educado por los mejores maestros de su tiempo, tuvo una infancia feliz y creció junto con compañeros y amigos que lo seguirían en todas sus gestas. Siendo aún muy joven tuvo que asumir grandes responsabilidades y enfrentarse a grandes padecimientos, como el asesinato de su padre Filipo y las luchas intestinas en el reino macedonio. Su determinación le permitió convertirse en el caudillo más grande de la historia. A diferencia de Alejandro, Leonardo da Vinci, hijo ilegítimo de un noble, tuvo una infancia y una adolescencia muy difíciles. No podía ir a la escuela ni estudiar, y pasaba el tiempo solo en una cabaña analizando el organismo de los animales que capturaba o creando con un cuchillo extrañas figuras de madera. El padre, contrariado por la situación, mandó a Leonardo a Florencia al taller de Verrocchio. El famoso pintor maltrataba al muchacho y finalmente lo echó de su laboratorio, no porque no fuese suficientemente bueno, sino por todo lo contrario: el maestro no podía soportar que el joven y excéntrico discípulo lo superara en talento. Leonardo tuvo que abrirse paso en la Florencia renacentista antes de ser reconocido como artista. Fue encarcelado por un delito de sodomía del que luego fue absuelto tras haber cumplido una parte de su pena y, sobre todo, después de haber sufrido la condena de la sociedad. La resiliencia y la determinación le hicieron superar estas y muchas otras pruebas, hasta convertirse en el mayor genio de la historia.

Como los estudios y las investigaciones muestran con claridad (Kagan, 2002; Nardone *et al.*, 2001), los hijos crecidos en condiciones emocionalmente estresantes pueden clasificarse en dos categorías: los que sucumben y desarrollan psicopatologías o conductas desviadas y los que salen reforzados y desarrollan resiliencia, aunque a menudo asociada con problemas psicológicos que el sujeto deberá resolver para utilizar plenamente y de forma equilibrada esos recursos personales. En caso contrario tendremos, en la mejor de las hipótesis, al *performer* loco o atormentado. De nuevo, es el individuo el que, en ambos casos, y reaccionando ante un destino más o menos adverso, construye su propia realidad. En palabras de Jean-Paul Sartre: «No siempre hacemos lo que queremos, pero somos responsables de lo que somos». Resiliencia y determinación exigen una larga serie de aprendizajes emocionales fruto de experiencias concretas de éxito en la superación de obstáculos y frustraciones.

Por esto son puramente ilusorios ciertos cursos impartidos por motivadores extraordinarios durante un fin de semana, procesos acelerados de *coaching* o de técnicas de supervivencia. El efecto Barnum, esto es, la ilusión de hallarse frente a un fenómeno extraordinario, tiene poco que ver con la construcción de la resiliencia y de la determinación personal. Del mismo modo, el uso de las nuevas tecnologías, como la realidad virtual o aumentada para acelerar la adquisición de estas capacidades, resulta un fracaso: ninguna simulación, por sofisticada que sea, puede sustituir la experiencia concreta, como demuestra, por ejemplo, el entrenamiento militar de élite.

Por tanto, como ya se ha dicho, quien quiera superar sus límites deberá pasar por un proceso duro y sin atajos, respetando los tiempos requeridos. Pocos textos son tan evocadores como el poema *Si*, que Rudyard Kipling dedicó a su hijo:

Si puedes conservar la cabeza cuando a tu alrededor todos la pierden y te echan la culpa; si puedes confiar en ti mismo cuando los demás dudan de ti, pero al mismo tiempo tienes en cuenta su duda.

Si puedes esperar y no cansarte de la espera, o siendo engañado por los que te rodean, no pagar con mentiras, o siendo odiado no dar cabida al odio, y no obstante no parecer demasiado bueno, ni hablar con demasiada sabiduría…

Si puedes soñar y no dejar que los sueños te dominen; si puedes pensar y no hacer de los pensamientos tu objetivo; si puedes encontrarte con el triunfo y el fracaso (desastre) y tratar a estos dos impostores de la misma manera.

Si puedes soportar escuchar la verdad que has dicho, tergiversada por bribones para hacer una trampa para los necios, o contemplar destrozadas las cosas a las que habías dedicado tu vida y agacharte y reconstruirlas con las herramientas desgastadas…

Si puedes hacer un hato con todos tus triunfos y arriesgarlo todo de una vez a una sola carta, y perder, y comenzar de nuevo por el principio y no dejar escapar nunca una palabra sobre tu pérdida.

Y si puedes obligar a tu corazón, a tus nervios y a tus músculos a servirte en tu camino mucho después de que hayan perdido su fuerza, excepto La Voluntad que les dice «¡Continuad!».

Si puedes hablar con la multitud y perseverar en la virtud o caminar entre reyes y no cambiar tu manera de ser.

Si ni los enemigos ni los buenos amigos pueden dañarte, si todos los hombres cuentan contigo pero ninguno demasiado.

Si puedes emplear el inexorable minuto recorriendo una distancia que valga los sesenta segundos, tuya es la Tierra y todo lo que hay en ella, y lo que es más: serás un hombre, hijo mío.

Cambiar y seguir siendo uno mismo: flexibilidad y adaptabilidad

> *Lo que en el mundo es más flexible vence*
> *a lo que en el mundo es más duro.*

LAO TSE

La antigua sabiduría china del taoísmo enseña, partiendo de la atenta observación de los fenómenos naturales, que lo flexible vence a lo rígido y lo blando a lo duro, y toma como modelo el agua que todo lo vence porque se adapta a todo. El agua es el único elemento de la naturaleza que es capaz de cambiar su estado adaptándose a las circunstancias: se endurece al helarse, se vuelve gaseosa al calentarse y es líquida en condiciones normales. Puede ser calmada y plácida, violenta y rápida, cascada impetuosa u ola arrolladora. Puede ser hirviente o helada, salada o dulce, benéfica o venenosa. Por esto se considera el elemento natural más poderoso.

La segunda característica esencial del *performer* extraordinario es precisamente la capacidad de adaptarse al cambio continuo de las cosas, aunque manteniendo sus características distintivas y, gracias a esto, seguir cosechando éxitos. De hecho, igual que en la naturaleza es frágil todo lo que se endurece, la persona que se fija en un aspecto acaba debilitándose. La elasticidad mental, igual que la física, es uno de los requisitos fundamentales para obtener un alto rendimiento y para quien quiera superar sus límites personales. No obstante, pese a que, en teoría, generalmente esto es aceptado, en la práctica representa una dificultad a menudo insuperable porque la elasticidad se ve obstaculizada por nuestra naturaleza y por el funcionamiento de nuestro organismo, que tiende a mantener el equilibrio «homeostático»[2] incluso cuando produce efectos disfuncionales en virtud de la resistencia al cambio. Como ya se ha expuesto en otros textos (Nardone y Watzlawick, 1990; Nardone y Balbi, 2008; Nardone y Milanese, 2018), el cambio y la resistencia al cambio son fenómenos muy comunes en todos los organismos. Esta natural ambivalencia biológica se propone de nuevo a nivel mental y en las dinámicas afectivas: el individuo oscila constantemente entre la predisposición al cambio y la resistencia al mismo, entre estancamiento y evolución, entre apertura y cierre ante lo nuevo, incluso cuando esto último es claramente preferible. Piénsese, por ejemplo, en los conflictos amorosos y sentimentales o en las dudas que nos impiden tomar una

2. El término «homeostasis» resulta de la fusión de dos palabras griegas, *òmoios,* «semejante», y *stasis,* «posición», e indica la tendencia de todos los mecanismos vitales a mantener estables las condiciones de vida del ambiente interior, esto es, el propio equilibrio, a pesar de las variaciones del ambiente exterior.

decisión aunque sea razonablemente la mejor. Más universal aún es la rígida repetición de esquemas de acción que tuvieron éxito en el pasado, pero no son adecuados a las circunstancias actuales (Nardone y Balbi, 2008). Ese mecanismo de «soluciones intentadas» de éxito que se transforman en estrategias fracasadas (Watzlawick *et al.,* 1974) representa el foco para introducir el cambio estratégico (Nardone y Watzlawick, 1990; Nardone y Balbi, 2008; Nardone y Milanese, 2018): interviniendo precisamente en esta dinámica, mediante específicos recursos mentales y de acción, es posible subvertir la persistencia del fenómeno y dar paso a una solución planificada estratégicamente. En este sentido, la investigación moderna se ha conjugado con la sabiduría antigua (Watzlawick *et al.,* 1974; Nardone, 2017) al considerar el cambio constante de las cosas como el motor de la vida, al que se opone, sin embargo, la tendencia opuesta a mantener el equilibrio de los sistemas vivos, esto es, la homeostasis (Bernard, 1859; Shannon y Weaver, 1949). En el taoísmo se trata del *yin* y el *yang,* dos fuerzas opuestas reunidas en el Tao, que se colman mutuamente, transformándose la una en la otra en una dinámica de reciprocidad circular. Con el concepto de enantiodromía (*enantios,* opuesto; *dromos,* carrera) el filósofo griego Heráclito designaba el modo en que evolucionan las cosas, «rodando» sobre sí mismas y cambiando continuamente en su opuesto. La entropía de los sistemas vivos se expresa en el pequeño desorden dentro del orden de un sistema, que provoca su ruptura y crea un nuevo equilibrio mucho más evolucionado. Todo esto puede ser representado por el constructo de cambio evolutivo (Nardone y Milanese, 2018), esto es, el cambio constante de un sistema que modifica sus características menos esenciales y mantiene las fundamentales. Este proceso se produce de acuerdo con la evolución darwiniana, es decir, por la capacidad de adaptación que permite al organismo mejorar sus características y prestaciones a través de una selección natural de lo que es funcional para alcanzar ciertos objetivos. La diferencia entre organismos vivos primitivos y poco complejos, y organismos evolucionados de elevada complejidad, como el ser humano, reside en la capacidad de estos últimos de decidir cómo actuar, posibilidad de la que carecen los primeros. A lo largo de milenios, el hombre ha desarrollado la capacidad de manipular no solo el ambiente que lo rodea, sino también a sí mismo, convirtiéndose en artífice de su destino. Dicho de otro modo, el hombre, a lo largo de la evolución, se ha liberado de la pura necesidad de supervivencia, típica de la adaptación darwiniana, y ha construido una realidad en la que es el principal responsable de su evolución, y no solo biológica.

Eso excluye cualquier tipo de determinismo de la *performance,* que ya no puede reducirse exclusivamente al talento natural: se nace y se deviene (Nardone, 2017). El don que no ha recibido un estímulo ni ha sido ejercitado no se desarrolla al máximo o acaba siendo apenas soportado. En cambio, aun sin contar con un talento especial, es posible obtener resultados excelentes mediante un ejercicio duro y prolongado. El desarrollo de la flexibilidad y de la capacidad de adaptarse a las circunstancias y a las necesidades exige un ejercicio más constante aún para evitar permanecer atrapados en las ideas y convicciones preconcebidas. Las resistencias al cambio evolutivo se hallan en la natural propensión de la mente a esquematizar y a repetir de forma redundante los procesos que nos han permitido obtener ciertos resultados. Se trata de una de las «psicotrampas» más engañosas (Nardone, 2013) de todas las que surgen en la relación entre el yo y el yo, el yo y los otros y el yo y el mundo, y es una estrategia sumamente útil de simplificación de las enormes complejidades en que nos vemos envueltos en la relación con la realidad. Existe el riesgo de que estas esquematizaciones mentales y operativas se anquilosen en modalidades fosilizadas que bloquean la readaptación constante y necesaria. Cuando el gran sofista Protágoras sostenía que «el maestro es la síntesis entre predisposición y ejercicio constante» se refería justamente al trabajo continuo que ha de realizar el que se propone superar sus límites habituales, adaptando sus competencias y habilidades al desarrollo de los hechos.

Esta segunda característica esencial del *performer* extraordinario no puede ser adquirida de una vez, sino que hay que ganarla a diario mediante un ejercicio constante. Si el gran científico se duerme en los laureles y deja de estudiar y de enfrentarse con mentalidad abierta a enfoques distintos de los suyos muy pronto se quedará estancado en sus ideas y será cada vez menos capaz de «conocer» y más propenso a «reconocer» y, por tanto, incapaz de «descubrir» y capaz tan solo de pensar en sus propias teorías. Asimismo, el artista que deja de experimentar acaba rápidamente estancado en su producción artística. En el campo de la producción, cuando un mánager insiste en determinadas estrategias triunfadoras sin considerar su evolución, acaba provocando el fracaso de la empresa (Nardone y Tani, 2018; Nardone *et al.,* 2008). Desgraciadamente, los desastres son la regla y no la excepción en todos los sectores donde el rendimiento del individuo y de la comunidad es objeto de exigencia continua. Es preciso, por tanto, vigilar continuamente la tendencia a estancarse y las modalidades de acción y de pensamiento, interviniendo con la introducción de perspectivas alternativas y modalidades de acción diferentes. Cosa que no implica cambiarlo todo constantemente, sino mantener un gradiente de transformación, una especie de «entropía del sistema» planificada que lo haga inmune al anquilosamiento. Si creo que tengo una buena idea no he de cambiarla necesariamente, sino tener presente cuándo, dónde y cómo puede ser un fracaso. Cuando planificamos una estrategia para obtener un determinado resultado y no queremos repetir lo que ya hicimos en el pasado con éxito, debemos aprender a contemplar las cosas desde distintos puntos de vista, elaborando tácticas diversas, comparando sus resultados previsibles y seleccionando finalmente la modalidad que nos parece más eficaz, disponiendo en cualquier caso de un «plan B» y estando preparados para nuevas modificaciones en caso de fracaso o de resultados insatisfactorios. En este último caso, no hace falta cambiar toda la estrategia, sino solo introducir las modificaciones que mantengan su eficacia.

Un método muy válido para mantenerse flexibles y adaptables consiste en aprender continuamente cosas nuevas, imponiendo gradientes de cambio en la percepción y en la acción. También es útil practicar la humildad del no saber y del no saber hacer, admitiendo así las propias incapacidades: eso favorece las dos características esenciales del *performer* extraordinario, que al esforzarse por aprender algo nuevo trabaja tanto su flexibilidad y adaptabilidad como su capacidad para superar la frustración. Como afirmaba Gregory Bateson, «aprender a aprender» es una de las más altas capacidades del ser humano.

En este sentido, no se puede subestimar la importancia del lenguaje, que a menudo «nos habla más de lo que hablamos» (Wittgenstein, 1980). Los códigos lingüísticos estructuran nuestros marcos mentales de manera inconsciente. Cuanto más escueto y concreto sea el lenguaje que utilizamos, más nos costará elaborar ideas complejas; cuantas más palabras difíciles utilicemos, más tenderemos a la soberbia y menos capaces seremos de considerar las alternativas. Cuanto más nos comuniquemos con un lenguaje fantasioso, más dificultades tendremos para sentir y actuar manteniendo los pies en el suelo; cuanto más utilicemos un lenguaje racional, menos capaces seremos de destellos de fantasía. Estos son algunos ejemplos útiles para mostrar la influencia del lenguaje que utilizamos respecto de lo que somos y lo que hacemos.

Aparentemente, podría parecer imposible escapar a esta condición, pero en realidad podemos surcar este mar de complejidad convirtiéndonos en pilotos de nuestro bajel, capaces de dirigirnos a las metas deseadas esforzándonos por utilizar el lenguaje en vez de ser utilizados por él. Eso significa saber usar el lenguaje de forma intencionada, recurriendo al máximo de códigos lingüísticos posibles y seleccionándolos sobre la base del objetivo, alternando el lenguaje racional con el de imágenes, utilizando las armas de la retórica y enfrentándose al aprendizaje de otras lenguas. En la Antigüedad, el arte más noble era justamente la retórica de la persuasión (Nardone, 2015), que no solo servía para persuadir y convencer a los demás, sino sobre todo a uno mismo. Los sofistas griegos, fundadores de la retórica de la persuasión, sabían que el uso sabio del lenguaje y de la comunicación estratégica era el modo de cultivar la flexibilidad y la adaptabilidad mental y no es casual que fueran los primeros en formular una visión «constructivista» (Watzlawick, 1981; Foerster, 1974; Glasersfeld, 1975) del hombre y de su realidad. No debe sorprendernos que, hace dos mil quinientos años, los sofistas alcanzaran un nivel de bienestar personal y social realmente envidiable incluso para el hombre moderno. Historiadores y biógrafos como Plutarco, Jenofonte y Luciano de Samósata, entre otros, los describen como hombres longevos, sanos y de éxito. El ejemplo más sorprendente es el de Gorgias, tan hábil en el arte de la persuasión que consiguió convencer al auditorio primero de una tesis y luego de su contraria. A la edad de ciento seis años, tras haber declarado: «No tengo nada más que hacer en este mundo», el gran sofista se adormeció y pasó dulcemente del sueño a la muerte. Gorgias consiguió los dos objetivos fundamentales de la existencia: una buena vida y una buena muerte.

Cambiar y seguir siendo uno mismo es una actitud mental y a la vez una modalidad de acción constante. Cuando Aristóteles declaraba que «la excelencia es una actitud», se refería a la tendencia a la mejora como actitud más que como predisposición. Sin embargo, en esto no hay que aspirar nunca a la perfección, sino considerarse siempre perfectibles y abiertos a la mejora. En este sentido, es ejemplar la lección de Montaigne: «Cultiva la imperfección».

La inconsciencia educada

> *La conciencia de la inconsciencia de la vida es el mayor martirio impuesto a la inteligencia.*
>
> Fernando Pessoa

Las modernas neurociencias demuestran claramente que más del 80% de las actividades humanas (Koch, 2012) se desarrollan sin que lo sepa el pensamiento consciente: la milenaria supremacía de la conciencia racional sobre la primitiva inconsciencia es tan solo una cuestión de lógica o un autoengaño con el que el hombre se hace la ilusión de poder dominar con la razón todo lo que está fuera y dentro de sí mismo (Nardone, 2017). Investigadores de la talla de Michael Gazzaniga (1999), considerado el padre de las neurociencias cognitivas, y también LeDoux (2002) y Damasio (2010) han mostrado, mediante trabajos reproducibles y validados por estudios cada vez más numerosos, cómo la «mente antigua», el paleoncéfalo, es en gran parte «impermeable» a la influencia del telencéfalo, o sea, la corteza cerebral. Esto implica que los procesos cognitivos y el pensamiento consciente tienen una escasa capacidad de modificar las dinámicas típicas de las sensaciones más atávicas como el miedo, el dolor, la rabia y el placer, que solo responden a experiencias vividas o evocadas. Racionalizar el miedo no solo no lo reduce, sino que a menudo lo alimenta (Nardone, 1993, 2003, 2016); interpretar un placer compulsivo no nos pone en situación de no ser arrollados por él (Nardone, 2003; Nardone y Rampin, 2005); razonar sobre lo que nos hace sufrir, como por ejemplo una pérdida, no elimina el dolor (Cagnoni y Milanese, 2009); intentar aplacar un exceso de rabia mediante el pensamiento consciente no nos hace recuperar el control (Milanese y Mordazzi, 2007). En otras palabras, el pensamiento consciente es incapaz de gestionar las respuestas viscerales desencadenadas por sensaciones y percepciones. Es importante subrayar que todo esto no es «bestialidad», sino el sano funcionamiento de un sistema vivo muy evolucionado que, sin embargo, mantiene activas algunas características psicológicas primitivas indispensables para la supervivencia y la adaptación a la realidad. Si tropezamos y en seguida recuperamos el equilibrio es porque los mecanismos del miedo en milésimas de segundo nos permiten reaccionar eficazmente para recuperar el equilibrio. Si utilizásemos el pensamiento sufriríamos una violenta caída, porque la reacción sería demasiado lenta. Eso no significa que estemos condenados a confiar en mecanismos paleoencefálicos incontrolables, sino más bien que debemos utilizar esos mecanismos y hacerlos más eficaces y gestionables. Si un esgrimista consigue luchar a velocidades imperceptibles a simple vista es justamente porque, gracias a un prolongado entrenamiento y ejercicio, ha aprendido a utilizar de forma deliberada el mecanismo fisiológico del miedo, convirtiéndolo en fuente de un rendimiento elevado. En otras palabras, se trata de educar nuestra inconsciente capacidad de reaccionar a determinados estímulos, con un trabajo reiterado de modelado de las respuestas psicofisiológicas. Como nos enseña la tradición milenaria de las artes marciales, la preparación exige años de duro entrenamiento bajo la supervisión de maestros expertos que han aprendido cómo preparar a un luchador mediante experiencias concretas que le permiten ir obteniendo progresivamente rendimientos muy notables. Este trabajo incesante, que también se aplica a deportistas o artistas capaces de actuaciones impresionantes, va dirigido a la construcción de reacciones espontáneas y no mediadas por el pensamiento, que se produzcan en los momentos necesarios y en el lapso de milésimas de segundo. Tras la experiencia, la conciencia será útil para estructurar esa adquisición también a nivel cognitivo y, posteriormente, como preparación a la acción cuando esta pueda ser planificada. Antes de la acción, la conciencia desempeñará la función de previsión y planificación y, luego, de reflexión y de evaluación de la *performance*.

De modo que los actos conscientes e inconscientes son complementarios en sentido temporal: antes, durante y después de la actuación. Esto resulta claro en el caso de *performances* artísticas, atléticas o militares, pero lo es bastante menos en otros tipos de actuación, como por ejemplo los descubrimientos científicos, aun siendo estos totalmente asimilables a los anteriores. De hecho, la creatividad y la imaginación no son fenómenos conscientes y fruto de una decisión, sino destellos de genio: la mente del científico entra en un estado de disociación del pensamiento para acceder a otra dimensión que hace ver las cosas desde perspectivas poco habituales, como afirmaba William James. Esto permite inventar algo nuevo o hallar la solución de un problema no resuelto.

El mismo proceso afecta a quien halla soluciones tecnológicas innovadoras o a quien, al desarrollar una idea, efectúa un salto lógico con el que puede distanciarse del razonamiento que está haciendo y encontrar la evolución alternativa triunfadora. Algo muy similar se produce si se observa atentamente lo que le ocurre a un músico cuando interpreta una pieza: deberá liberarse de la conciencia para entregarse a la interpretación, y para ello aplica la inconsciencia educada. Incluso en el proceso de *decision making* aparentemente más frío, como el económico, se ha demostrado que más del 80% de las decisiones se toma por impulsos emocionales y no por un proceso de racionalidad consciente (Kahneman, 2011; Nardone y Tani, 2018). Las actuaciones humanas, no solo físicas o motrices, sino también puramente mentales y cognitivas, son el resultado de una inconsciencia educada que permite superar los límites de lo que puede ser producido con la conciencia.

La conciencia operativa (Nardone y De Santis, 2011), esto es, sentir y reaccionar de manera distinta a dirigir conscientemente la acción en curso, impulsa la *performance* porque interactúa constructivamente con la inconsciencia educada y con su activación.

Como ya se ha tratado en otros textos, conciencia reflexiva *(consciousness)* y conciencia inmediata *(awareness)* se consideran sinónimos, cuando en realidad se trata de dos condiciones psicológicas muy distintas. La primera es puro pensamiento y reflexión, la segunda es darse cuenta de lo que hacemos. Para aumentar el rendimiento, sus distintas funciones han de interactuar y no entrar en conflicto. Conciencia reflexiva y conciencia inmediata se expresan alternándose de forma secuencial antes, durante y después de la acción dirigida a un objetivo. Ser conscientes nos permite planificar la actuación y evaluar después las conclusiones a fin de mejorar el resultado; darse cuenta aumenta la precisión y la ejecución técnica de la actuación sin invalidar el discurrir, que ya es espontáneo gracias al prolongado ejercicio. El científico, tras el destello de genio, deberá reelaborar y reflexionar conscientemente sobre su descubrimiento y, gracias a ello, hacerlo reproducible y planificable. El deportista, tras un resultado excepcional, deberá reflexionar sobre su actuación para poderla repetir y tal vez mejorarla gracias a un lúcido análisis. Por tanto, el *performer* extraordinario, en momentos distintos, ha de tener conciencia reflexiva y conciencia inmediata, evitando superponer o enfrentar las dos funciones psicológicas. Si se utilizan con la alternancia correcta, la conciencia reflexiva y la conciencia inmediata se mejoran recíprocamente y permiten realizar actuaciones de altísimo nivel, creando un «actuar espontáneo construido».

La inconsciencia educada es el producto de un ejercicio reiterado, conscientemente planificado y constantemente evaluado, que permite una actuación consciente. Esta última, si se repite y perfecciona, se vuelve natural y espontánea. El aprendizaje se transforma en adquisición de modo que la actuación fluya con naturalidad y pase a formar parte de los repertorios de percepción-reacción paleoencefálicos.

En términos neurocientíficos, todo esto conduce a la formación de nuevos y específicos circuitos sinápticos especializados, que seguirán creciendo y desarrollándose en concomitancia con las experiencias vividas y reelaboradas. Respecto al conocimiento, la magia de la inconsciencia educada queda desvelada. Respecto a la aplicación, ya hemos afirmado que esto no cambia el proceso que hay que seguir para convertirse en un *performer* extraordinario. El terapeuta capaz de aplicar con sus palabras y sus gestos terapias aparentemente mágicas no solo pone en práctica técnicas refinadas, sino que se convierte a su vez en parte de la actuación terapéutica, introduciendo en ella sus características individuales y su potencial de influencia personal, como en el caso de Viktor Frankl y Milton Erickson. Su capacidad terapéutica «educada», transformada en «natural», permitió conseguir efectos que no pueden reducirse exclusivamente a una técnica rigurosa.

El gran funambulista francés Philippe Petit, gracias a su resiliente determinación y al ejercicio reiterado, adaptando el cuerpo y la mente con sensaciones autoinducidas, conseguía mantenerse suspendido sobre la cuerda floja a alturas impresionantes y en condiciones increíbles. Esto le permitió realizar la célebre travesía de las Torres Gemelas en Nueva York en 1974, y el paseo sobre la cuerda entre el Trocadero y la Torre Eiffel en París, en 1989.

En su programa de televisión *Superhumans,* el dibujante y productor cinematográfico Stan Lee presentó los casos estudiados científicamente de personas dotadas de capacidades sobrehumanas que podían obtener resultados extraordinarios mediante una *performance* específica, como el «hombre ariete», capaz de derribar un muro de hielo, o el lanzador de *frisbee,* capaz de transformar el disco en un arma, imprimiéndole una velocidad tal que golpeaba objetos a una distancia increíble, o el campeón de memoria que podía recordar una cantidad enorme de información.

Los investigadores, utilizando los métodos más perfeccionados, han señalado que todos estos «*performer* sobrehumanos» tienen en común haber desarrollado, a partir de un talento especial y mediante la práctica continuada, una «inconsciencia educada» que les permite superar los límites humanos. Conciencia operativa e inconsciencia educada son la base de estos fenómenos aparentemente milagrosos. A este respecto, la invitación de san Francisco de Asís sigue siendo válida: «Empieza haciendo lo que es necesario, luego lo que es posible y sin darte cuenta habrás hecho lo imposible».

El trance performativo y el estado de gracia

> *Ningún método como* método,
> *ningún límite como límite.*

> Bruce Lee

Las crónicas de los records deportivos se refieren constantemente a una especie de «estado de gracia» en el que todo se ha realizado a la perfección. También los artistas explican que han ido más allá de sí mismos al realizar la obra, que se han sentido en un estado de trance en el que todo ha fluido de forma natural. Albert Einstein superó sus límites al abrir una nueva vía a lo desconocido en un estado mental comparable al éxtasis de los santos o a la iluminación de Buda. Los inventores tienen una intuición innovadora cuando la mente se libera de un exceso de pensamiento. Arquímedes solía llegar a soluciones extraordinarias cuando estaba totalmente relajado en la bañera, cubierto de agua entre efluvios perfumados. Miguel Ángel visualizaba sus esculturas en el bloque de mármol y luego, como arrebatado por un *demon,* sus manos se ponían a esculpir instintivamente y sin pausa hasta que la obra estaba terminada. Estos «estados de gracia», descritos a veces incluso como una condena, son estados de conciencia alterados. Hoy podemos demostrar experimentalmente que el sujeto entra en una dimensión perceptiva en la que la realidad adquiere connotaciones y produce experiencias diferentes. Para los estudiosos reduccionistas, se trata de una especie de estado alucinatorio que amplifica y altera la percepción de las cosas induciendo reacciones inconcebibles o inalcanzables en un estado de conciencia y cordura. Es curioso observar que todo esto ya era bien conocido en la Antigüedad: cada cultura tenía numerosas formas de entrar deliberadamente en este estado capaz de elevar el rendimiento personal. Antropólogos e historiadores hablan de los ritos esotéricos que realizaban los guerreros antes de entrar en combate o, en algunas culturas, del consumo de sustancias alucinógenas como el peyote y la mescalina en México, las hojas de coca en Perú o el ácido lisérgico extraído de hongos y plantas en la Amazonia.

Otros ejemplos son los ritos realizados por los chamanes para entrar en un estado de gracia, las danzas tribales desenfrenadas o el vertiginoso movimiento circular con el que los derviches se aturden y entran en un estado de inconsciencia que les permite continuar la danza sin sentir cansancio, como autómatas. El mismo proceso se activa en la oración reiterada hasta perder el contacto con la realidad o en la repetición incesante de un mantra en la meditación trascendental, que induce un estado alterado que, mediante la ritualidad sugestiva, amplifica ciertas percepciones excluyendo la conciencia intelectual. Precisamente esta forma de ritualidad es la clave pragmática para el estudio y la comprensión de esos fenómenos, el factor común de todas las prácticas realizadas para inducir un «estado de gracia performativa».

La ritualidad sugestiva y la hipnosis

> *No hay nada de lo que se realiza en el*
> *estado de hipnosis que no pueda ser realizado*
> *también en el estado normal de vigilia. La ventaja*
> *de la hipnosis es que esa conducta que*
> *en la vida diaria apenas se manifiesta, en la hipnosis se*
> *puede controlar, dirigir y prolongar.*
>
> MILTON H. ERICKSON

La sugestión es un fenómeno psicológico muy controvertido. Algunos lo consideran un peligroso instrumento de manipulación y desearían eliminarlo; los científicos más «puros» tienden a negar su evidencia, ya que no es asimilable a sus métodos; en el extremo opuesto están quienes exaltan su poder y se convierten en portadores de «recetas mágicas» del éxito; y hay incluso quienes ven en la sugestión algo esotérico que hay que cultivar de una forma sectaria y como un secreto iniciático. Pero nadie puede negar que el fenómeno de la sugestión constituye un factor determinante de importantes cambios individuales, de grupo y de masa, así como de actuaciones extraordinarias calificadas a menudo de «paranormales» por su excepcionalidad. Pensemos, por ejemplo, en el practicante de artes marciales que desarrolla capacidades extrasensoriales que le permiten combatir con los ojos vendados o en el que practica deportes extremos y reduce la frecuencia cardíaca a unos pocos latidos por minuto para resistir en condiciones imposibles, o, desgraciadamente, en el criminal presa de un delirio alucinatorio o en el déspota que sugestiona a las masas y las induce a cometer actos de extraordinaria crueldad e irracionalidad. Serge Moscovici y Willem Doise, dos grandes psicólogos sociales, han puesto de manifiesto que en la psicología de las masas la sugestión desempeña un papel fundamental, hasta el punto de transformar al individuo en una gota de agua en medio de la corriente impetuosa: se trata del «efecto masa», que consiste en sentirse parte de un grupo unido por objetivos y creencias comunes bajo la dirección de un líder carismático. Esos autores han demostrado que, por ejemplo, en la Italia de la época fascista, más del 90% de la población apoyaba a Mussolini, incluso cuando el dictador decidió llevar a la nación al suicidio entrando en guerra al lado de Alemania y Japón.

La sugestión de la propaganda fascista era tan potente que incluso Hitler la tomó como modelo. Su creador fue el psicólogo Paolo Orano, discípulo de Gustave Le Bon y

Gabriel Tarde, dos de los mayores expertos en psicología de masas. Su nombre se convirtió en una especie de vergüenza para la disciplina hasta llegar a ser borrado por los historiadores de la psicología, en una especie de «purga» de tipo estalinista. Cuando el proyecto mussoliniano fue destruido por la devastadora derrota bélica, de pronto los italianos despertaron de aquella especie de trance social del que habían sido presa durante los decenios anteriores, y muchos, como ha ocurrido en otros sucesos históricos semejantes, negaron haber sido fascistas.

El mismo fenómeno se observa en las sectas, donde el individuo pierde la identidad debido a la sugestión. Es interesante observar que el proceso de disolución de la identidad y de la capacidad de decisión del individuo se produce mediante un adoctrinamiento progresivo llevado a cabo a través de la práctica repetida de rituales, que funcionan como experiencias hipnóticas capaces de alterar la percepción de las cosas hasta que el sujeto decide adherirse a la causa como si se tratase de una decisión libre (Elster, 1985; Nardone *et al.,* 2006). Un proceso que también aparece en las fases de construcción identitaria del «terrorista suicida» (Sanmartín, 2005).

Teniendo en cuenta lo que nos enseña la historia sobre la sugestión de masas, resultan comprensibles, aunque no justificables, la desconfianza y el temor. No obstante, querer negar su existencia parece un mecanismo de defensa frente a realidades dolorosas y espantosas, y además representa una limitación notable en el estudio del modo en que actúa el hombre privado de voluntad y racionalidad, en el bien y en el mal.

Cuando un socorrista se arroja sin vacilar a un mar tempestuoso para salvar a una persona que se está ahogando, actúa en un estado de inconsciencia educada y, en un estado de trance performativo inducido por la motivación y por el adiestramiento en el salvamento, con una actuación extraordinaria salva a la persona que está en peligro. En estos casos, la sugestión funciona como amplificador de las capacidades del individuo, a veces con resultados trágicos. Una vez que el socorrista ha salvado a la persona en peligro, a menudo ocurre que, de repente, sus fuerzas se agotan y no es capaz de salvarse a sí mismo. En mi experiencia juvenil de salvamento en mar abierto experimenté en primera persona este fenómeno. Tras haber ayudado a dos marineros que estaban inconscientes y atrapados debajo de su barco de pesca a causa de un accidente, ya completamente «resuelto», las olas me habrían arrastrado si mi compañero a bordo de la lancha de socorro no me hubiese capturado, literalmente. Esto ocurre porque el trance performativo se agota al término de la actuación, cuando el individuo cae en una especie de fatiga extrema.

De modo que, como se puede ver, los fenómenos sugestivos no son buenos ni malos en sí mismos, sino que depende del uso que de ellos se haga. Creo, por consiguiente, que deben estudiarse y experimentarse a fondo las potencialidades para ser utilizadas con objetivos beneficiosos y para prevenir o controlar los malos usos. Como ya se ha dicho, el primer aspecto que tienen en común las distintas formas de inducción a un estado sugestivo es la repetición redundante de un acto o de un ritual estructurado como, por ejemplo, el trance producido por un movimiento vertiginoso repetido, como en las danzas propiciatorias o en los rituales previos al combate basados en la simulación de la lucha. Lo mismo acontece en el caso de la repetición prolongada de fórmulas verbales, como la oración y algunas formas de meditación, los mantras orientales o los «ejercicios espirituales» de Ignacio de Loyola. Leonardo da Vinci permanecía inmóvil sosteniendo una esfera de cristal en la mano con el brazo tendido hacia lo alto hasta entrar en un estado de trance con objeto de cultivar la creatividad y ampliar sus capacidades perceptivas. Un ejercicio más simple todavía consiste en mirar fijamente durante un tiempo un punto de la pared, como en la meditación del budismo zen, o en seguir con la vista la oscilación de un objeto como, por ejemplo, un péndulo. Con esto estamos entrando en el campo de la hipnosis formalizada.

En el siglo XIX, los fenómenos sugestivos empezaron a ser estudiados por la medicina y por la psicología debido a las propiedades terapéuticas, bien conocidas desde los tiempos antiguos. Los egipcios llamaban a la hipnosis «sueño mágico», mientras que en la antigua China era una parte fundamental de las prácticas de curación. El «estudio científico» de este fenómeno se aplicó sobre todo a las prácticas quirúrgicas, utilizando la hipnosis como un remedio contra el dolor (Braid, 1843), y a la terapia de los trastornos mentales (Charcot, 1880; Janet, 1919), convirtiéndose en una técnica terapéutica a todos los efectos.

Si bien esto abrió el camino al estudio sistemático de la hipnosis y a la elaboración de técnicas rigurosas, también hizo que todos los fenómenos sugestivos se asimilaran a la hipnosis, forzando la inclusión en este marco científico de fenómenos esencialmente distintos, aunque asimilables en parte, hasta el punto de abolir casi del todo el término sugestión y sustituirlo por el concepto de «fenómenos hipnóticos». Solo en la psicología social y en la antropología cultural el concepto de sugestión ha sobrevivido a esa interpretación orientada hacia objetivos médicos, en un intento de explicar fenómenos observables no atribuibles a explicaciones racionales, como en el caso del «efecto Hawthorne» (Elton Mayo),[3] del «efecto Lucifer» (Philip Zimbardo),[4] y del «efecto tortura» (Stanley Milgram).[5] También el «efecto placebo»[6] y el «efecto expectativa»[7] se incluyen en esta clase de fenómenos que la «pura» investigación, vinculada a la ilusión decimonónica de la objetividad, no consigue explicar y por esto tiende a omitir (Nardone, 2017; Milanese y Milanese, 2015). En el ámbito de las disciplinas que se ocupan de estudiar los métodos para mejorar las prestaciones individuales se observan dos tendencias opuestas respecto a los fenómenos sugestivos:

3. Con el nombre de «efecto Hawthorne» se define el conjunto de variaciones de un fenómeno o de una conducta que se producen en las personas debido a la presencia de observadores, pero que no se prolongan en el tiempo. El hecho de que una persona sepa que está sometida a un estudio la induce a mejorar su situación por sí misma: saber que alguien se está encargando de nuestro bienestar contribuye a crearlo por sí mismo.
4. El «efecto Lucifer» designa la creación de una situación alterada en la que el sujeto empieza a desempeñar un papel hasta que, como dirían los griegos, el actor se convierte en la máscara que lo cubre, incluso en la más cruel, que es precisamente la de Lucifer.
5. Con «efecto tortura» o «efecto obediencia» se designa el experimento llevado a cabo por el psicólogo estadounidense Stanley Milgram, que en 1961 reclutó a los participantes en una investigación mediante un anuncio en un periódico o mediante invitaciones enviadas por correo a direcciones elegidas al azar en un listín telefónico.
6. El efecto placebo consiste en una serie de reacciones del organismo a una terapia que no están producidas por principios activos, sino por las expectativas del individuo.
7. El «efecto expectativa» se produce cuando un sujeto espera obtener un beneficio en relación con las decisiones que tomará.

por una parte, están aquellos que, queriendo adoptar una perspectiva rigurosa, actúan a partir de visualizaciones cognitivas y técnicas hipnóticas formalizadas; por la otra están los que se inspiran, más o menos conscientemente, en tradiciones esotéricas, chamanísticas y mágicas.

Por lo general, los primeros son víctimas de su propio reduccionismo y, más allá de su tranquilizante rigor en el método, presentan escasos resultados en la evolución de la *performance* de los sujetos de los que se ocupan. En ocasiones, los segundos obtienen resultados asombrosos, pero que la mayoría de las veces no son capaces de mantener ni de reproducir. Parafraseando a Gregory Bateson, puede decirse que el rigor por sí solo es la asfixia de la actuación, mientras que la magia esotérica por sí sola se aproxima a la locura: no se superan los límites con pura metodología ni con creencias mágicas.

Como ya hemos afirmado, un *performer* extraordinario no se supera a sí mismo solo una vez o por casualidad, sino que ha de ser capaz de repetir sus actuaciones con estrategias aprendidas y reproducibles. Por consiguiente, de la tradición esotérica y chamánica se pueden retomar algunas metodologías que hay que transformar en técnicas rigurosas; igualmente, es bueno adoptar una metodología que permita controlar la ejecución, pero sin limitar la experimentación de estrategias alternativas, aunque no estén aún validadas.

En la historia de la ciencia abundan los fenómenos que en un primer momento se consideran misteriosos, pero que luego tienen una explicación y se convierten en métodos rigurosos. Aunque la sugestión es todavía un fenómeno cuyo funcionamiento y eficacia no están del todo claros, son cada día más los estudios sistemáticos y los experimentos fiables (Nardone, 2016) que distinguen sus características y, sobre todo, ponen de manifiesto sus mecanismos psicofisiológicos. Los estudios realizados con neuroimágenes muestran las activaciones neuronales típicas de los estados de sugestión, pero no logran dar una explicación, ya que la sugestión es un fenómeno cualitativo difícil de operacionalizar (Rizzolatti, 2017, Link Campus University, comunicación personal). Y como saben los expertos, la ciencia, que tiende al método cuantitativo, no estudia factores no cuantificables. Y sin embargo, resulta evidente que el estudio de esta realidad exige instrumentos cualitativos más que cuantitativos y, por tanto, métodos no estandarizados. Esta aclaración metodológica es necesaria para poder realizar una exposición libre tanto del reduccionismo cientificista como de la actitud mágica.

La sugestión se distingue de la hipnosis, en primer lugar, a nivel neurofisiológico, pues no corresponde al estado hipnótico detectable con el electroencefalograma ni al estado de relajación con los ojos cerrados, como en el trance tradicional. La persona sugestionada parece hallarse en un estado hipnótico y muestra algunos elementos indicadores de ese estado: un relajamiento corporal o, por el contrario, una postura fija, la pupila dilatada, el parpadeo regular, una marcada propensión a colaborar con las indicaciones sugeridas y una percepción expandida tanto hacia el interior como hacia el exterior.

Además, el estado sugestivo no requiere el ritual típico de la inducción hipnótica, sino que puede provocarse simplemente mediante gestos y palabras, sonidos y olores muy evocadores, fruto de la comunicación interpersonal. La autosugestión puede ser provocada por imágenes autoinducidas, recuerdos sensoriales reevocados o por la reproducción de hechos con un fuerte contenido emocional. En un artículo fundamental de 1930, Milton Erickson habla de sugestiones directas e indirectas, destacando que las segundas son mucho más eficaces que las primeras. Erickson distingue además entre las sugestiones evocadas en el estado de trance hipnótico y las inducidas sin un trance formal, en el seno de una comunicación evocadora sugestiva. Desgraciadamente, muy pocos estudiosos han mantenido esta distinción en el ámbito clínico, considerando impropiamente la sugestión como una parte de la hipnosis. Paul Watzlawick (1981) es el estudioso más importante que retoma la distinción de Erickson y estudia las características de la comunicación sugestiva fuera del trance hipnótico. Yo he trabajado junto con Watzlawick siguiendo esta línea de investigación y aplicación al campo de la comunicación, retomando el «acto performativo» descrito por el gran lingüista John Austin, esto es, ese tipo de lenguaje verbal y no verbal asociado a criterios argumentativos específicos con un fuerte impacto evocador-persuasorio capaz de inducir un estado de elevada sugestión. Desligar la sugestión de la ritualidad de la inducción hipnótica formal permite reducir la típica resistencia frente a esta última, considerada a menudo demasiado manipuladora, haciendo que el sujeto se sienta siempre lúcidamente responsable y consciente de lo que ocurre, a la vez que se le induce a explorar dentro y fuera de sí percepciones más amplias (Nardone *et al.*, 2006).

En su trabajo con el equipo olímpico de tiro de Estados Unidos, Milton Erickson presenta, en primer lugar, la utilización de la sugestión hipnótica en el mundo del deporte. El hipnotizador hizo que los tiradores se entrenaran en concentrar la mirada en el objetivo hasta tener la sensación de una especie de contacto entre tirador y blanco. De este modo, la atención del deportista se aparta del control de sí mismo y de la actividad para concentrarse en el objetivo. Erickson, partiendo de su gran experiencia de los fenómenos sugestivos, aplica lo que, desde la Antigüedad, se viene practicando en el aprendizaje del tiro con arco japonés, el *kyudo*.

El trance hipnótico resulta fundamental en el «*training* imaginativo*»*. En esta técnica, el sujeto, en estado de trance hipnótico, imagina la secuencia de la actuación que deberá realizar, amplificando la sensación y convirtiéndola en una acción fluida y sin ninguna rigidez física o mental. A principios de los años ochenta del siglo pasado, Michael Mahoney, uno de los fundadores de la moderna psicología del deporte y uno de los principales representantes del cognitivismo, en una reseña sobre el tema ofrece una exposición amplia y documentada de la eficacia y aplicabilidad de esta técnica. Actualmente, las visualizaciones en estado hipnótico de la actuación representan, en sus numerosas variantes, un componente esencial del repertorio técnico de los *mental coach*.

Como aclararemos detalladamente en la exposición del caso de Alessia Zecchini, a menudo el hecho de combinar técnicas hipnóticas con el trance formal y con la sugestión permite desplegar posteriormente el potencial de acción del *performer*. Por otra parte, el estado sugestivo y el hipnótico no se oponen entre sí, sino que a menudo son interdependientes y sobre todo complementarios: es frecuente que para inducir el trance en sujetos resistentes se recurra a un lenguaje sugestivo y fuertemente evocador, adaptado a las características del sujeto; en otros casos, para provocar evocaciones sugestivas es necesario pasar primero por un profundo trance hipnótico. Lo que marca la diferencia es que la técnica se adapte como un guante a las características del *performer*.

Por consiguiente, una estrategia formalizada siempre hay que adaptarla a las peculiaridades del individuo: siempre será distinta y seguirá siendo una técnica rigurosa y reproducible. Después de todas estas aclaraciones, se entiende que el «estado de gracia» que permite al *performer* conseguir una actuación sublime es el resultado de un estado sugestivo que puede ser el producto de diferentes experiencias, entre las que la hipnótica es la más conocida y utilizada, pero no por eso siempre la más indicada.

Por ejemplo, Albert Einstein conseguía su estado de gracia creativa abandonando los cálculos y razonamientos y tocando el violín; Cristiano Ronaldo, antes de chutar uno de sus fantásticos penaltis, coloca la pelota, mira la portería, sopla con fuerza y luego realiza su acción. Antes de su actuación, la mayoría de los *performer* realiza una serie ritual de gestos y pensamientos que les permite entrar en el estado de gracia del trance performativo. Son rituales a menudo subestimados, cuando no ridiculizados, que sin embargo constituyen otro componente esencial para el desarrollo de la prestación, porque marcan sugestivamente el paso del estado mental normal al estado exigido por la *performance*. Piénsese en la reverencia de los dos samuráis antes del combate: este gesto marcaba el comienzo de la lucha, pero a la vez permitía el cambio en el *mindset* del guerrero, que, según la tradición japonesa, sabía que inmediatamente después de la reverencia ritual empezaría un combate a muerte.

Las secuencias rituales pueden compararse con los ritos propiciatorios funcionales que pueden convertirse incluso en una forma de patología obsesivo-compulsiva, con riesgo de comprometer la actuación, en vez de favorecerla. No obstante, si se mantienen dentro del límite de los ritos de paso, estas secuencias rituales desempeñan un papel fundamental. Casi todos los cirujanos famosos practican un rito propiciatorio antes de entrar en el quirófano. Igualmente, es raro el actor que no practique actos rituales antes de salir a escena: en el teatro existen fórmulas verbales rituales estandarizadas para recitar antes de subir al escenario.

Alejandro Magno, educado por su madre en los cultos mágico-esotéricos, antes de entrar en combate practicaba rituales propiciatorios específicos que incluían también visualizaciones anticipatorias de sus gestas. Se cuenta que la noche antes de una batalla, cuando estaba en plena campaña para conquistar India, el caudillo vio en un sueño-trance el sacrificio de su caballo Bucéfalo. Durante el combate el animal acabó realmente protegiendo a Alejandro de la lanza del rey indio Poros, y finalmente fue herido y muerto. Alejandro se enfrentó a Poros y lo derrotó con un golpe que seccionó la arteria femoral del enemigo. El rey macedonio salvó a Poros de morir desangrado y lo convirtió en un aliado respetuoso y sátrapa de su imperio.

En su obra *Risorgere e vincere,* el esgrimista Aldo Montano explica cómo trabajó en su bloqueo de la actuación y como ese trabajo empezó partiendo, precisamente, de sus rituales previos al combate, que ya no le servían para entrar en el estado de gracia atlética y se habían convertido en una serie de compulsiones cada vez más articuladas.

Anular esta ritualidad disfuncional sustituyéndola por ejercicios de visualización hipnótica fue una de las modalidades fundamentales para reactivar sus formidables capacidades y permitirle volver a ganar.

Uno de los errores más frecuentes, sobre todo en los deportistas, es considerar la fase de preparación para la actuación como un momento de búsqueda de la concentración mental mediante un acto cognitivo, esto es, un esfuerzo racional de planificación de la actuación. Al contrario, como hemos demostrado, en esta fase hay que excluir el razonamiento y dar cabida a la sugestión autoinducida a través de la ritualidad. No se trata de ser lúcidamente conscientes, sino de entrar en un estado de ampliación de la percepción y de trance performativo que no tiene nada que ver con la racionalidad y que incluso viola totalmente sus criterios al tratarse de una ritualidad mágico-propiciatoria.

Este aspecto es rechazado a menudo por los estudiosos vinculados a conceptualizaciones rígidamente científicas. Por otra parte, aunque no puede explicarse mediante la pura racionalidad, es un elemento muy experimentado, reproducido y validado en sus efectos y, por tanto, empíricamente eficaz. Una ciencia de la *performance* no puede quedarse encerrada dentro de los límites de un método, sino que ha de explorar todo lo que le permite ir más allá. Para superar los propios límites, no es solo el individuo el que tiene que ir más allá de sí mismo: también la disciplina que estudia la *performance,* para desvelar sus dinámicas y reproducir los efectos, ha de avanzar más allá de sí misma y de sus métodos comprobados.

2. Cultivar el talento

El talento da en un blanco en el que nadie más puede dar;
el genio da en un blanco que nadie más puede ver.

Arthur Schopenhauer

Experimentar para descubrir

Dentro de veinte años lamentarás más
las cosas que no hiciste que las que hiciste.
Así que suelta amarras y abandona el puerto seguro.
Atrapa los vientos en tus velas…
Explora… Sueña… Descubre…

Mark Twain

Si se calculase el número de talentos desperdiciados, la humanidad tal vez sería consciente de uno de los más graves delitos cometidos y repetidos contra sí misma. En todos los campos en los que el hombre tiene éxito, a cada talento manifiesto le corresponden numerosos talentos no manifiestos. Sin embargo, este dato histórico indiscutible nunca ha dado lugar a una reflexión atenta y mucho menos a una solución adecuada al fenómeno.

A menudo escuchamos que el talento auténtico consigue manifestarse gracias a la selección natural. Pero si observamos con más atención, nos daremos cuenta de que esta visión determinista es tan falaz como sus efectos.

Cuanto hemos expuesto hasta aquí lo confirma: resiliencia y determinación, flexibilidad y capacidad de adaptación, inconsciencia educada y trance performativo no son un don, sino una conquista.

Igualmente, el talento más puro y elevado, si no se cultiva, no se manifiesta o se aplica en ámbitos donde no puede desplegar todo su potencial.

No obstante, los numerosos proyectos de escuelas para genios creadas en los últimos siglos, desde que la pedagogía y, después, la psicología mostraron interés en ese ámbito, han resultado ser infructuosos. Y lo mismo ocurre en el arte y en el deporte, donde a menudo se han seleccionado niños prodigio, o presuntos niños prodigio, que en la mayoría de los casos han resultado ser *performer* mediocres.

No obstante, es importante destacar que en todos estos casos la selección de las jóvenes promesas se ha realizado a partir de características que se consideran fundamentales para el genio, el artista o el deportista. Nos referimos a la evaluación de algunos parámetros como inteligencia, dotes físicas y habilidades especiales, como la musical y la matemática.

Ahora bien, esta evaluación habría excluido de una escuela para genios al pequeño Leonardo da Vinci o a un jovencísimo Einstein. Alejandro Magno nunca habría entrado en una academia militar ni en un equipo de atletismo porque no tenía la presencia física requerida; sin embargo, venció en una olimpíada y fue uno de los guerreros más audaces de la historia. Por consiguiente, hay que poner en tela de juicio la validez de los criterios que evalúan la selección del talento: en la mayoría de los casos, esos criterios miden lo que ya han establecido, y no una predisposición real.

Los parámetros utilizados en esas evaluaciones están viciados por las teorías en las que se basan, que imponen un estándar de manera determinista y de acuerdo con ciertas suposiciones, esto es, prejuicios y evidencias científicas no demostradas, como el CI para el genio o determinadas proporciones físicas para ciertos deportes. Todo esto se basa implícitamente en el presupuesto de que el talento es un don natural. Como ya se ha argumentado extensamente, aquí y en otras obras (Nardone, 2017), uno no nace campeón ni llega a ser campeón, sino que nace *y* llega a ser campeón.

Por este motivo, la selección de talentos mediante tests y parámetros que evalúen *a priori* las peculiaridades de un sujeto resulta claramente ineficaz para prever si ese mismo sujeto tiene las capacidades necesarias para convertirse en un científico genial, un gran artista o un deportista excelente.

En la segunda mitad del siglo XIX, Sir Francis Galton, primo de Charles Darwin, codificó una especie de formulario de las características naturales del genio susceptibles de ser apreciadas a muy corta edad. Este texto se convirtió rápidamente en la base de los estudios sobre la inteligencia llevados a cabo por numerosos e importantes psicólogos como Raven (1966), Cattel (1950),

Eysenck (1975), Wechsler (1998) y Binet (1916). Antes de Galton, las dotes intelectuales, el carácter y el temperamento se validaban sobre el terreno teniendo en cuenta las actuaciones reales del sujeto, que descubría sus talentos a partir de la experimentación. En la antigua tradición pedagógica siempre se puso el énfasis en la experiencia dirigida por el maestro, que guiaba a los alumnos a descubrir sus virtudes específicas a través del ejercicio físico y mental. De manera semejante, en los talleres renacentistas los jóvenes artistas experimentaban sus habilidades de manera concreta poniéndolas a prueba bajo la supervisión del maestro.

Los científicos más conocidos se formaron en la relación con uno o varios maestros en prestigiosos laboratorios. Así ocurrió durante siglos en la biblioteca de Alejandría, adonde acudían jóvenes estudiosos que, guiados por los primeros maestros de la ciencia, aprendían a descubrir su propio talento. Es el caso de Arquímedes, que pasó años en este prestigioso laboratorio científico para regresar luego a Siracusa y convertirse en uno de los más importantes inventores de la historia.

Unos siglos antes, el filósofo griego Demócrito descubrió el gran talento de un joven descargador del puerto de Abdera, que con unas cuerdas había construido un artefacto muy similar a una moderna mochila de montaña, el rodete, que le permitía transportar con más comodidad pesos muy superiores a los de sus colegas. El gran pensador quiso saber dónde había aprendido el joven a construir aquel artefacto simple e ingenioso. El muchacho le mostró a Demócrito cómo lo había fabricado, utilizando un juego de nudos y varillas. El filósofo, deslumbrado por tanta inteligencia, lo aceptó como alumno. El joven era

Protágoras, que se convertiría en uno de los tres grandes sofistas de la tradición helénica, maestro de retórica, autor de más de cien libros y aclamado por las multitudes por sus extraordinarias dotes persuasivas, además de asesor de Pericles, el sabio entre los sabios de la Edad de Oro de Atenas.

El talento solo puede ser descubierto y cultivado a través de la experiencia, que puede ser fruto de prácticas específicas dirigidas por expertos en ámbitos concretos de aprendizaje, capaces no solo de transmitir habilidades y competencias, sino también de estimular la motivación del alumno a mejorar continuamente. No se trata, como es evidente, de un proceso rápido, fácil y exento de frustraciones, experiencias muy importantes en el aprendizaje específico y en la formación personal del individuo. Si no es así, se corre el riesgo de la incapacidad de expresarse. Es lo que ocurre con frecuencia con jóvenes músicos de talento que no soportan la exposición al público, ya que solo han cultivado el arte pero no el carácter, o de atletas formidables que literalmente se «desinflan» en las olimpíadas, cuando se encuentran bajo los focos y frente a la flor y nata del mundo del deporte. Más sorprendente aún es el caso del científico tan enamorado de su exitosa teoría que no consigue hacer nada más porque sigue prisionero de sus esquemas, o del empresario que insiste en un proyecto, pese a que ya está desfasado, y lo aboca al fracaso.

Experiencias guiadas

La sabiduría es hija de la experiencia.

Leonardo da Vinci

Las experiencias guiadas constituyen auténticas «emociones correctivas»[1] que, si se repiten, son la base de los cambios de los aprendizajes evolutivos.

1. «Experiencia emocional correctiva» es una expresión introducida por F. Alexander en 1946 para indicar las experiencias emocionales concretas que permiten al paciente «corregir» la influencia traumática de experiencias negativas anteriores. Según Alexander, los cambios terapéuticos más significativos y duraderos no se producen por simple evocación de los recuerdos reprimidos en el pasado, sino en virtud de experiencias reales vividas por el paciente en el presente, en la relación con el terapeuta o en la vida cotidiana, capaces de anular el efecto de las pasadas. El concepto de experiencia emocional correctiva fue recuperado y ampliado en el enfoque breve estratégico, que lo convirtió en uno de los puntos fundamentales de su propia procesualidad terapéutica. Como han subrayado P. Watzlawick y G. Nardone, cualquier transformación que pretenda ser rápida y eficaz debe producir ante todo una experiencia concreta de cambio perceptivo-emocional en la persona, y solo después ser sometida a reflexión cognitiva. Para reducir al mínimo la resistencia del paciente al cambio, el cambio terapéutico debe pasar primero por la fase de la experiencia, y solo más tarde debe traducirse a la conciencia cognitiva. La experiencia emocional correctiva en psicoterapia estratégica se obtiene mediante hechos casuales «planificados», esto es, situaciones que parecen casuales pero que, en realidad, han sido cuidadosamente preparadas por el terapeuta para producir el efecto correctivo deseado. Esta expe-

La adquisición de capacidades elevadas exige que, antes incluso de la cognición, se produzcan emociones intensas derivadas de sensaciones concretas experimentadas durante la actuación (Nardone y Milanese, 2018). La percepción, desarrollada después a través de la experiencia repetida de sensaciones intensas durante la ejecución de las *performances* proporciona el impulso y la motivación necesarios para dedicarse con pasión a la propia actividad, aceptando los muchos sacrificios que requiere superar los propios límites.

Todo esto tiene muy poco que ver con la repetición mecánica de ejercicios fatigosos, dolorosos y estresantes, a los que muchos se someten para construir un aprendizaje elevado. De hecho, la idea conductista de construir la actividad como modelado skinneriano choca con lo que las neurociencias demuestran, confirmando las prácticas antiguas: si el cerebro asocia una actividad a sensaciones desagradables, cuando llegue el momento de realizar la actividad surgirán resistencias.

La mente tiende a evitar el dolor y la molestia, y es propensa a buscar el placer. Por eso, cualquier actuación deportiva o artística, igual que el destello creativo o la investigación elaborada, ha de asociarse a sensaciones de placer intenso que las convierta en el *drive* esencial y que constituya la respuesta inconsciente educada.

---

riencia puede ser provocada tanto en el transcurso de la sesión terapéutica, por ejemplo mediante el uso del diálogo estratégico, como entre una sesión y otra, gracias a la utilización de prescripciones de conducta que el paciente debe introducir en su cotidianidad.

La propensión a la mejora

*Un planeta mejor es un sueño que empieza a cumplirse
cuando cada uno de nosotros decide mejorarse a sí mismo.*

MAHATMA GANDHI

Lo que hemos dicho hasta ahora sirve para respaldar la propensión a la superación personal y al perfeccionamiento continuo de las propias actividades, un factor importante para cultivar los propios talentos. El *performer* extraordinario intenta superar constantemente lo que ya ha conquistado; es un explorador de los propios límites que nunca renuncia a superarlos.

Mientras que el hombre corriente, decía Einstein, se detiene satisfecho tras haber encontrado la aguja en el pajar, el científico sigue buscando para comprobar si hay otras. Con esta imagen elocuente el gran científico define con claridad la actitud mental y la actuación del que quiere superarse a sí mismo, es decir, del que busca incesantemente mejorar su actividad. Esta motivación, como las otras características típicas del perfil del *performer* extraordinario, no es un don, sino de nuevo una conquista fruto de un trabajo sobre uno mismo realizado bajo la supervisión de uno o varios maestros, hasta que se descubre al maestro que llevamos dentro.

En dos célebres obras publicadas en los años setenta del siglo XX, *If You Meet the Buddha on the Road, Kill Him! (Si te encuentras con Buda en el camino, ¡mátalo!)* y *Guru*, Sheldon B. Kopp alertaba sobre la figura del maestro, muy celebrada en aquella época y todavía de actualidad, que nunca ha de convertirse en un gurú en el que confiar plenamente, sino que ha de ser un guía en el descubrimiento de las propias virtudes y en el aprendizaje a cultivarlas.

El maestro es aquel con el que nos comparamos y al que no nos sometemos. El maestro de arte y ciencia no es un maestro de fe ciega, sino de búsqueda y descubrimiento. El discípulo se convertirá a su vez en guía y transmitirá a otros discípulos lo que ha desarrollado a partir de las enseñanzas recibidas. Se trata de una síntesis evolutiva entre tradición e innovación. La propensión a mejorar de forma continuada conduce directamente a otro rasgo esencial del cultivo del propio talento: el ejercicio continuo.

Ejercicio constante, pero bien hecho

Para ser el número uno, has de entrenarte como si fueses el número dos.

Maurice Greene

Con su estilo deslumbrante, Friedrich Nietzsche nos ofrece una consideración fundamental: «Toda relación que no nos eleva nos rebaja». Podría parecer una banalidad, pero en realidad se trata de una idea fundamental: solo el ejercicio constante puede mejorar cualquier tipo de actividad.

Paganini afirmaba: «Si no practico un día, nadie lo nota, si no practico dos días, los colegas lo notan, si no practico durante cinco días, todo el mundo lo nota». El más famoso violinista de todos los tiempos confiesa que su extraordinaria *performance* exigía el ejercicio constante: como demuestran hoy las neurociencias y la psicología aplicada, buena parte de una habilidad adquirida se pierde rápidamente. La entrega ha de ser constante no solo en la fase inicial del *performer*, sino a lo largo de toda su carrera.

Todas las mañanas, Henry James, uno de los más grandes escritores estadounidenses, dedicaba al menos dos horas a la escritura como mero ejercicio, y luego pasaba el día entregado a la vida mundana, al cuidado de su cuerpo y a experimentar las cosas más extravagantes. Este segundo aspecto de la cotidianidad de James no ha de ser subestimado, ya que guarda estrecha relación con el primero.

El ejercicio debe ir acompañado de otras actividades que distraigan del exceso de concentración mental. De lo contrario se corre el riesgo de transformar la *performance* en una obsesión haciéndola emocionalmente estresante. Por desgracia, es algo que ocurre con bastante frecuencia en algunos chicos dotados que se concentran solo en el deporte en el que sobresalen y dejan de lado deliberadamente los estudios u otras actividades formativas. La mayoría de esos jóvenes no llegan a ser campeones y cuando son mayores no tienen oficio ni beneficio: el destino más frecuente de las «promesas fallidas».

Como ya hemos afirmado antes, la idea de que «cuanto más entrenas mejor lo haces» es una ecuación falaz: sin duda, el ejercicio ha de ser intenso y constante, pero nunca excesivo y estresante. En este caso, el resultado será el opuesto al deseado.

Las actividades alternativas a las orientadas a la actividad desempeñan un papel fundamental de compensación de la fatiga física y del estrés mental provocados por un entrenamiento específico. En algunos ámbitos, como los de la creación, relajar la tensión hacia el objetivo permite que surja el clásico destello de genio.

Además de los ya citados Arquímedes y Einstein, recordemos a Galileo, que resolvía sus dilemas rezando en la iglesia, o a Newton, sentado bajo un árbol mientras le ilumina creativamente la manzana que cae sobre su cabeza.

El ejercicio debería acabar cuando se perciben las sensaciones gratificantes de su ejecución óptima para dejar sedimentar en la mente esa experiencia emocionalmente intensa. Si se insiste más se compromete el proceso que permite que un aprendizaje se convierta en un gratificante logro, un aspecto esencial de las actuaciones excelentes que se mantienen y mejoran con el tiempo.

El ejercicio también debe interrumpirse cuando no conseguimos hacer lo que queremos de la mejor manera posible y nos sentimos frustrados. Insistir no hace más que aumentar la sensación de frustración, generando una aversión emocional frente al objetivo. De este modo, no solo no se mejora, sino que se empeora la situación de bloqueo de la actuación.

En estos casos es útil, y a menudo da muy buen resultado, dedicarse a hacer otra cosa distinta que normalmente nos sale bien, y luego, tras esa gratificación, volver a intentar lo que no nos sale tan bien. Esta estratagema, que podemos definir como «surcar el mar a espaldas del cielo» (Nardone, 2003), permite desplazar la atención de la experiencia frustrante a la gratificante, liberando cuerpo y mente de la trampa que consiste en forzar la naturalidad, impidiendo la correcta ejecución. Volver luego al acto no logrado hace que este sea abordado con mayor desenvoltura. En el capítulo siguiente se expondrán algunos ejemplos muy ilustrativos sobre esta cuestión.

Compensar el ejercicio reiterado con actividades alternativas es una idea que ya aparece en la sabiduría antigua. En la obra *La via del saggio*, el gran maestro taoísta Deng Ming Dao afirma que el sabio, para llegar a serlo y mantenerse como tal, ha de dedicarse diariamente al menos a dos actividades opuestas en las que destaca, una como profesión y la otra como afición, desarrollando también esta última a un alto nivel. En la filosofía taoísta, los dos opuestos en complementariedad recíproca se influirán mutuamente, mejorándose.

Alimentar la curiosidad

> *La mente no es un vaso que hay que llenar,*
> *sino un fuego que hay que encender.*
>
> PLUTARCO

Quien se ejercita siguiendo estas indicaciones antiguas y modernas no puede evitar desarrollar también una fuerte curiosidad que, si se cultiva, aumenta las ganas de conocer y de experimentar cada vez más cosas.

No es casual que la curiosidad sea la característica más extendida entre los grandes *performer*, que se complacen experimentando con nuevos escenarios y descubriendo otras perspectivas. Leonardo da Vinci y Miguel Ángel, aunque rivales y con personalidades opuestas, tenían en común una enorme curiosidad: ambos se convirtieron en anatomistas para conocer el funcionamiento del cuerpo humano y reproducirlo en sus obras. Leonardo, además, a partir de este estudio elaboró los princípios fundamentales de la anatomía moderna y los primeros trabajos sobre el cerebro siguiendo las hipótesis de Aristóteles.

La curiosidad insaciable que tienen en común todos los grandes personajes de la historia es lo que les ha permitido imaginar perspectivas inusuales de la realidad y superar sus propios límites. Es lo que indujo a Alejandro Magno a reunir en más de ochenta mil papiros, que se depositaron en la biblioteca de Alejandría, todo el saber de los distintos pueblos anexionados a su imperio.

No obstante, tampoco esta característica viene dada, sino que es el producto de una actitud mental y de una disposición continua a actuar sin anquilosarse. Como sostenía Sócrates: «Emplea tu tiempo en mejorarte a ti mismo leyendo los escritos de otros hombres; así obtendrás fácilmente aquello por lo que otros se han esforzado tanto».

La predisposición cultivada con el ejercicio y el placer nunca saciado del descubrimiento impulsan la disponibilidad al cambio constante y al aprendizaje continuo. El «seguid hambrientos, seguid alocados», de Steve Jobs, incita a avanzar justamente en esta dirección.

Nunca como hoy, cuando no solo la ciencia y la tecnología, sino también el saber común son cada vez más sectoriales y superespecializados, es importante mantener la curiosidad como antídoto de la actitud sectaria e ideológica, que con demasiada frecuencia anidan en el reduccionismo y en el fideísmo.

Tal vez fue esto lo que indujo al premio Nobel Rita Levi Montalcini a lanzar esta advertencia: «Raras son las personas que usan la mente, pocas las que usan el corazón y únicas las que usan ambas cosas».

3. Mentes veloces y mentes lentas

Los estilos perceptivo-cognitivos

Uno de los aspectos menos estudiados y menos considerados sobre cómo mejorar la *performance* se refiere a las modalidades de percepción y elaboración de la realidad. Desde el punto de vista de la estructura y del proceso, la percepción y elaboración de estímulos e informaciones es idéntica para todos, mientras que la modalidad y la rapidez varían de un individuo a otro. Una persona intuitiva percibe y reacciona de manera diferente a una persona reflexiva: la primera tiene una percepción global y reacciona de inmediato; la segunda percibe de manera analítica y responde con lentitud. La mente intuitiva elabora poco los estímulos y las informaciones, y responde a partir de la sensación; la mente reflexiva, en cambio, analiza y elabora lo que percibe y responde a partir de esos datos. Los dos tipos de funcionamiento mental, aunque tienen las mismas características funcionales, perciben la realidad de manera diferente y reaccionan de distinta manera. Cabría pensar que el más intuitivo y rápido en las respuestas es más idóneo para actividades basadas en la velocidad, mientras que el más reflexivo es más apto para actividades de larga duración. Hace casi cuarenta años, cuando realicé el primer proyecto de trabajo en el ámbito de la psicología del deporte, estudié este aspecto del funcionamiento perceptivo-cognitivo en relación con una investigación sobre las características distintivas de atletas velocistas y fondistas. Lo primero que me llamó la atención fue que hasta entonces no se habían realizado estudios sistemáticos sobre el tema en el ámbito psicológico. El único trabajo de investigación aplicada de cierta envergadura se había hecho para analizar y mejorar la actividad de los pilotos de avión, sobre todo en el momento del aterrizaje. En aquella época, los aviones no disponían de los instrumentos actuales y el piloto todavía tenía que confiar en sus percepciones. Por lo tanto, perfeccionar las percepciones y reacciones era un factor de enorme importancia. Dirigía este trabajo el célebre psicólogo estadounidense Herman Witkin,[1] que

1. Herman A. Witkin (1916-1979) fue un psicólogo estadounidense especializado en psicología cognitiva y psicología del aprendizaje. Fue un pionero de la teoría de los estilos cognitivos y de

elaboró una serie de tests operativos para medir los estilos cognitivos *(Embedded Figures Test)*. Tras numerosos experimentos, definió los constructos de estilo cognitivo «global» y «diferenciado» caracterizados por la capacidad de percibir visualmente el campo o los detalles de una imagen. Es decir, descubrió que hay dos polaridades en la percepción de la misma realidad; por un lado están los que ven la figura en su globalidad y, por el otro, los que captan los detalles. Ambos grupos reaccionan sobre la base de su propio estilo perceptivo. Apliqué el test de Witkin a dos grupos de atletas, uno compuesto por fondistas, el otro por velocistas, con objeto de comprobar las diferencias de funcionamiento perceptivo-cognitivo. El resultado fue impresionante: la gran mayoría de los velocistas se incluían en el estilo cognitivo «global», mientras que los fondistas se incluían en la categoría «diferenciado». Dicho de otro modo, el que corre 100 metros presenta una modalidad perceptivo-reactiva muy distinta del que corre la maratón. Como veremos, se trata de un aspecto relevante para mejorar la *performance*. Así que hubo que comprobar cuál era el funcionamiento mental de los atletas que corren carreras de medio fondo o de los que practican otras disciplinas en las que se requieren rapidez y resistencia, como el tenis, los deportes de lucha y la conducción deportiva; o los deportes de equipo, en los que se alternan momentos de gran velocidad con momentos de juego más lento, como el fútbol, el baloncesto o el voleibol.

---

los estilos de aprendizaje a través de la percepción. Su trabajo se centró en el hecho de que la personalidad de un individuo puede ser identificada cuando se conocen las diferencias en el modo en que las personas perciben su ambiente.

También en este caso los ejercicios confirmaban los resultados del estudio de Witkin: aunque en este tipo de atletas las dos polaridades no estaban tan marcadas, se ponían de manifiesto desviaciones tanto por una parte como por la otra, que coincidían con tipologías específicas de actividad. Es decir, incluso en actividades prolongadas y constantes, los que disponían de una percepción más global tenían la posibilidad de alcanzar una *performance* máxima gracias a una reacción inmediata a una percepción específica creando una variación en el ritmo, que se había mantenido bajo hasta aquel momento. En cambio, los que se situaban en el área analítica tenían un rendimiento constante, sin que hubiera picos máximos. Dicho de manera más concreta: piénsese en el futbolista que parece estar ausente durante buena parte del partido y que luego, en un momento de genialidad, marca un gol; o en el jugador que durante todo el partido mantiene un rendimiento constante. El técnico experto diría que el primero es un gran delantero y el segundo, un excelente centrocampista. Si dejamos los deportes de equipo y pasamos a los individuales, el tipo intuitivo y explosivo alterna con asombrosa rapidez fases de «casi adormecimiento» con picos de rendimiento extraordinario, mientras que el tipo reflexivo-analítico mantiene un nivel elevado y constante. El gran tenista Björn Borg, con sus repetidos golpes desde el fondo del campo, pertenecía claramente al segundo grupo, mientras que el histriónico John McEnroe pertenecía al primero. Por consiguiente, entre las dos polaridades de estilo cognitivo hay variantes intermedias, aunque inclinadas hacia un lado o hacia el otro. Es importante subrayar que no hay una característica que sea mejor que la otra: se trata de modalidades diferentes adaptadas a distintos tipos de actividad. Mozart sentía la música en su mente e inmediatamente la escribía, mientras que Bach reelaboraba muchas veces sus partituras hasta hacerlas musicalmente perfectas.

De todo lo dicho cabe deducir que si obligo a un sujeto rápido-intuitivo a actuaciones lentas y analíticas obtendré unos resultados desastrosos y además provocaré una aguda crisis a un individuo analítico al obligarlo a responder intuitivamente. Eso no significa que los individuos estén totalmente condicionados por su estilo cognitivo, porque este puede ser en gran parte reformulado, aunque solo mediante una práctica prolongada y costosa.

Hay que tener en cuenta que si secundo el estilo perceptivo-reactivo es mucho más fácil elevar el rendimiento, puesto que es como empujar cuesta abajo y no cuesta arriba. Además, es fácil reconocer el estilo de un sujeto; basta con observar cómo habla y describe las cosas: si se expresa mediante conceptos poco o muy detallados, si emite juicios inmediatos o reflexiona antes de exponerlos, si su atención es amplia o focalizada.

Al practicar cualquier actividad, el sujeto manifiesta muchas veces de forma clamorosa cuál es su estilo cognitivo, cosa que permite identificar sus características y, a partir de aquí, adaptar el trabajo.

Todo esto no afecta solo al campo especializado de la alta *performance,* sino que también es un instrumento cognoscitivo muy útil para conseguir un buen rendimiento escolar y para elegir las actividades recreativas, artísticas o deportivas de un adolescente. Por consiguiente, identificar el estilo cognitivo de un joven sirve para ayudarlo a descubrir y cultivar sus habilidades, y nos permite orientarlo hacia lo que mejor sabe hacer o, por el contrario, comprometerlo a mejorar lo que hace peor.

En el campo de las actividades extremas esto representa un criterio evaluador fundamental. Si no se tiene en cuenta, no permite sacar lo mejor de nosotros mismos, con el riesgo incluso de bloquear la *performance*.

Hace unos años se me pidió que ayudara a Federico Luzzi, el mayor talento tenístico italiano de la época, que estaba pasando por una profunda crisis de rendimiento. Luzzi había sido prácticamente secuestrado por la federación de tenis y trasladado a Roma para ser dirigido por los técnicos federativos. El joven era un tenista de gran talento que jugaba de una forma impulsiva, con repentinos cambios de ritmo, que arrollaban literalmente a sus adversarios. Al llegar a Roma se le obligó a practicar algunas técnicas fundamentales que no encajaban en su estilo cognitivo, como por ejemplo prolongar el peloteo desde el fondo del campo o perfeccionar algunos golpes que no formaban parte de su repertorio, con el resultado nefasto de bloquear su rendimiento.

Hubo que aplicar una estrategia especial (Nardone, 2003) para lograr que los técnicos modificaran su trabajo y lograran que el joven deportista volviera a jugar de acuerdo con su estilo perceptivo reactivo. Por desgracia, la breve y fulgurante carrera de Federico Luzzi se interrumpió prematuramente a causa de una leucemia fulminante.

Algo parecido le ocurrió a un muchacho de catorce años, gran promesa del fútbol, «secuestrado» también por la familia y los amigos que lo obligaron a jugar en el equipo juvenil de uno de los clubs más importantes de Italia. Inmediatamente lo sometieron a duros entrenamientos, cuyo objetivo era aumentar su resistencia física y su rendimiento durante los partidos; su estilo se caracterizaba por jugadas fantasiosas e impulsivas, que en cierto modo recordaban al gran Maradona. El resultado negativo fue que el muchacho dejó de divertirse y empezó a sufrir debido a los entrenamientos extenuantes, hasta el punto de desarrollar una auténtica aversión hacia lo que antes le gustaba más que nada. El muchacho manifestó un trastorno psicosomático severo que lo obligó a abandonar el deporte y a requerir la ayuda de un psicoterapeuta.

Hace un tiempo intervine para desbloquear a un joven esgrimista muy prometedor. Su maestro, a diferencia de los dos casos anteriores, quería que el muchacho luchara sin hacer cálculos, de un modo totalmente espontáneo. No obstante, esta práctica iba en contra de la naturaleza reflexiva del joven, que acababa bloqueándose cuando intentaba ser más instintivo. Secundando sus características, la intervención del *mental coaching* consistió en construir esquemas de técnicas que había que repetir hasta el automatismo, a fin de hacerlas agradablemente espontáneas a través de la búsqueda de la sensación gratificante.

Tal vez son pocos los que saben que el cantante lírico más aplaudido, Luciano Pavarotti, no sabía leer música y, pese a ello, gracias a su oído musical, su *performance* era extraordinaria. Sin duda podría haber aprendido a leer la partitura, pero quizá esto habría perjudicado la expresión de su talento.

Leonardo da Vinci retocó la *Gioconda* muchas veces, mientras que Miguel Ángel esculpió de una tirada las obras, cuya imagen tenía en la mente. Edison realizó unos dos mil experimentos para conseguir la bombilla, mientras que Arquímedes imaginó el tornillo para bombear agua, que todavía se sigue utilizando, mientras se relajaba en la bañera. Todas estas mentes estaban dotadas de estilos perceptivos y cognitivos distintos, pero en todo caso geniales. Su mérito consistió en utilizar y desarrollar del mejor modo posible la modalidad de funcionamiento que mejor las caracterizaba.

Por tanto, cuando se trata de obtener lo mejor de nosotros mismos o de alguna persona, nuestra ayuda especializada consiste en evaluar el estilo perceptivo-cognitivo: todo esto representa una parte fundamental de la estrategia que hay que aplicar. Puede ocurrir que haya un desequilibrio hacia una de las dos polaridades, es decir, cuando el individuo no consigue gestionar su propio funcionamiento mental, que se activa como una compulsión irrefrenable a la respuesta impulsiva rápida o a la reflexiva lenta. De ser así, nos encontramos ante una radicalización del mecanismo mental, es decir, ante un auténtico trastorno obsesivo-compulsivo.

En estos casos, aunque la *performance* sea extraordinaria, el sujeto debería recibir ayuda para suavizar sus rigideces perceptivas y cognitivas, aun a riesgo de disminuir el rendimiento, ya que en cualquier caso se encuentra en un estado de sufrimiento. La idea romántica del artista maldito, del científico loco o del caudillo sanguinario no puede ser validada en una ciencia de la *performance* que, además de estar orientada al resultado, ha de proteger y promover el bienestar del individuo y de la colectividad. Por otra parte, la experiencia enseña que, antes o después, el desequilibrio mental conduce a la caída vertical del rendimiento.

4. Elevar o desbloquear la *performance*

> *Tomad una idea. Pensad, soñad con ella.*
> *Dejad que el cerebro, los músculos,*
> *los nervios, todas las partes de vuestro cuerpo*
> *estén llenas de esta idea y aislaos de todo*
> *lo demás. Este es el camino del éxito.*
>
> Swami Vivekananda

Por los encantadores senderos de la universidad de Harvard pasea a menudo la que ha sido llamada «la nueva Einstein» por su trabajo sobre el desciframiento de las ondas gravitacionales, concebido a los veintidós años, y por otras intuiciones y estudios sobre el espacio-tiempo. Aunque la joven está realizando un doctorado de investigación, la prestigiosa universidad le ha concedido libertad de estudio, es decir, la posibilidad de desarrollar de forma autónoma sus ideas y proyectos, para no interferir en sus extraordinarias capacidades. Para Sabrina González Pasterski, que tiene actualmente veinticinco años, Einstein sigue siendo inimitable, pero su prodigiosa intuición y su capacidad de idear y teorizar recuerdan, sin duda, a las del gran científico. Ahora bien, la joven no vive recluida en el laboratorio, sino que piensa en la física también en otros momentos: cuando vuela en aviones superligeros y contempla el panorama desde lo alto, o cuando corre como un rayo con su moto. Volar, dice Pasterski, «proporciona unas vistas maravillosas», mientras que ir en moto aporta la emoción de la aceleración: «Todos los físicos deberían ir en moto porque genera intuiciones igual que volar». Se trata de un ejemplo espléndido de cómo cultivar un talento y mejorar su *performance,* de forma muy similar a lo que ocurría hace más de dos mil años en la biblioteca de Alejandría, donde los científicos tenían libertad para desarrollar sus propios proyectos comparándolos entre sí y aceptando la aportación de cualquier joven investigador de talento.

Sabrina González Pasterski sabe sin duda que la primera astrofísica de la historia, Hipatia, trabajó justamente en Alejandría. Para Hipatia, igual que para Pasterski, mejorar su rendimiento equivale a crear un entorno que favorezca la libre expresión del talento, eliminando al máximo las obligaciones que limitan el flujo de creatividad y reflexión. Para ellas es un estímulo la comparación con otros académicos, no solo de la misma disciplina, sino sobre todo de otras ciencias, porque les ofrece la oportunidad de ampliar sus horizontes teóricos y metodológicos. Asimismo, cultivar sus pasiones contribuye a expresar mejor su propio potencial. Esto también vale en el caso de entidades menos prestigiosas que una universidad moderna o un antiguo centro de estudios, como las empresas y las organizaciones productivas. Piénsese en Steve Jobs y en otros grandes creativos de la tecnología moderna, que necesitan trabajar en proyectos sin restricciones para que sus capacidades no se vean reducidas a los límites de lo convencional.

Las comparaciones con otros colegas han resultado ser un excelente ejercicio para los equipos de *top manager* que observando y analizando el trabajo desarrollado por los colegas que actúan en otros campos hallan la inspiración para desarrollar las propias estrategias, cosa que no sucede cuando se atrincheran en su propio campo de acción.

Cultivar actividades apasionantes no solo representa una búsqueda emocional, sino que también es fuente de nuevas intuiciones. Ahora bien, no hay que confundir todo esto con la moda, muy extendida estos últimos años en el mundo empresarial, de organizar reuniones formativas y experienciales *outdoor,* divertidas sin duda pero poco inspiradoras, ya que se reducen a experiencias ocasionales y no reproducibles en la actividad profesional diaria. Lo mismo cabe decir de ciertos retos arriesgados o pruebas extenuantes que deberían forjar el carácter y hacer superar los temores. Correr una maratón a los cincuenta años o superar una prueba de supervivencia en el desierto puede proporcionar una gran satisfacción personal, pero no desarrolla resiliencia y determinación, e incluso puede hacer que uno se estanque en las ideas que ya han funcionado. Como ya hemos dicho muchas veces, las experiencias satisfactorias son las que abren la mente a nuevas perspectivas; el sufrimiento y el miedo superados solo ayudan a mejorar si son experiencias repetidas durante mucho tiempo, especialmente en la juventud.

Además, hay que insistir en que lo que es válido para Sabrina González Pasterski, teniendo en cuenta que afecta solo al talento puro que se manifiesta de forma natural, no vale para quienes únicamente son *performers* prometedores, que han de esforzarse mucho más para conseguir el objetivo. Hay personas con mucho talento que no consiguen dar lo mejor de sí mismas porque no son capaces de superar por sí solas algunos obstáculos que se encuentran por el camino. En estos casos, muchas veces basta una pequeña pero bien dirigida intervención externa para conseguir que esas personas rindan al máximo.

El experto ha de ser muy cuidadoso en la intervención. Ha de añadir solo lo necesario para que el sujeto supere el *impasse* a fin de no perjudicar con un exceso de técnica el flujo espontáneo de la actividad de la persona talentosa, como sugerían los «siete sabios» de la tradición griega con la máxima «nada es suficiente».

Hace unos años se dirigió a nuestro centro de terapia estratégica una joven nadadora especializada en inmersiones, que ya había conseguido records nacionales, pero tenía la sensación de que no sacaba el máximo partido de sus capacidades. La muchacha había llegado a 80 metros de profundidad con peso constante. Sabía que podía superar esa marca, pero había algo que se lo impedía. Hasta entonces había trabajado sola, porque en las federaciones de natación no había técnicos expertos en inmersiones. Gracias a su extraordinario talento había conseguido un resultado fantástico.

Empezamos a estudiar juntos sus actuaciones utilizando las técnicas del *problem solving* estratégico y del *coaching* estratégico,[1] y aparecieron algunos escollos que había que

1. Modelo desarrollado por Giorgio Nardone con el objetivo de elevar el rendimiento de los sujetos. Su propósito es activar y apoyar al cliente en el proceso de adquisición de objetivos y/o en el desarrollo de habilidades y competencias específicas. En términos concretos, los elementos clave de la relación de *coaching* son: la identificación de objetivos específicos inherentes a la mejora de los parámetros de eficacia y eficiencia de la conducta profesional y/o social del cliente; la definición y evaluación de las fortalezas y

superar como, por ejemplo, que la frecuencia cardíaca se mantenía demasiado alta y le impedía ahorrar energía. Siguiendo al gran Jacques Mayol, la muchacha practicaba la respiración profunda del yoga para mejorar en ligereza y economía la práctica de la natación. Empezamos, pues, a trabajar mediante técnicas autohipnóticas adaptadas a sus características personales y a su rendimiento específico. En muy poco tiempo la joven consiguió armonizar mejor sus movimientos y rebajar después la frecuencia cardíaca, obteniendo rápidamente nuevos records y ganando de forma espectacular el campeonato del mundo en las tres especialidades de inmersión.

A partir de entonces, como afirma Alessia Zecchini en una entrevista a la revista *Psicologia contemporanea,* empezó a ganar y lo sigue haciendo. Actualmente, ostenta el récord de inmersión a 105 metros, y desde hace años es campeona mundial en las tres especialidades.

Es posible que un talento no dé lo mejor de sí mismo cuando las limitaciones de carácter o las dificultades de relación le impiden obtener resultados extraordinarios, generando conflictos o choques emocionales que socavan las capacidades del sujeto. Es lo que le ocurrió a Steve Jobs en la primera etapa de su vida profesional: debido a su mal carácter fue apartado de la compañía de la que había sido cofundador.

---

debilidades específicas del sujeto que solicita la intervención del *coaching;* la construcción de una relación interpersonal dirigida a la adquisición de objetivos definidos y pragmáticamente reconocibles con resultados a nivel individual (calidad y cantidad de nuevos conocimientos y cambios de conducta), a nivel de grupo (variaciones en la eficiencia y en la eficacia operativa) y a nivel de organización (mejora de las actividades de gestión).

Piénsese también en Tonya Harding, una patinadora extraordinaria con problemas de carácter y de relación tan graves que la apartaron de las competiciones. Su historia ha sido explicada en una película que muestra sus extraordinarias victorias y sus impresionantes derrotas. Lo mismo cabe decir del gran talento del fútbol Antonio Cassano: durante su carrera tuvo actuaciones extraordinarias, pero también manifestó graves problemas de relación que le impidieron conseguir nuevos éxitos.

En estos casos se necesita una auténtica terapia psicológica dirigida a resolver las complejidades del *performer*, aunque desgraciadamente esto no suele ocurrir, ya sea por la resistencia del sujeto a someterse a la cura o por la romántica y errónea asociación entre genio y locura, arte y vida desordenada, rendimiento y sufrimiento que ya hemos comentado extensamente. Estas formas de prejuicio han impedido a numerosos talentos expresar al máximo su grandeza.

Hoy en día disponemos de técnicas válidas para resolver problemas psicológicos serios (Nardone y Salvini, 2004), técnicas capaces de lograr que el sujeto se libere en tiempo breve de sus trastornos o malestar. No hace falta someterse a procesos inacabables de psicoanálisis, un método muy poco adecuado para el problema de quien se dedica a *performances* de alto nivel y necesita rendir al máximo y lo antes posible.

Un conocido cantante lírico acudió a mí por un doble problema: el miedo a bloquearse durante las actuaciones y el intento de evitar esta amenaza bebiendo alcohol antes de salir a escena. Como es sabido, el alcohol inhibe la ansiedad de manera parecida a las benzodiacepinas, interactuando con los mismos receptores de nuestro organismo.

Pero este efecto de sedación solo se produce en el primer momento porque al poco tiempo se convierte en una grave excitación. El cantante iniciaba su actuación tranquilo porque estaba sedado por el alcohol, pero luego se sentía cada vez más asustado durante el espectáculo. Algunas veces renunció a actuar y en otras ocasiones se pasó con la bebida, comprometiendo su actuación. En este caso, fue indispensable tratar la ansiedad de prestación mediante el protocolo estratégico elaborado para este tipo de problema (Nardone, 1998, 2003; Nardone y Balbi, 2008), e iniciar un proceso de desintoxicación del alcohol.

Un mánager brillante, que había dado muestras de su gran capacidad resucitando importantes empresas internacionales, requirió nuestra ayuda por un problema opuesto al del cantante lírico, aunque con efectos igualmente devastadores. El hombre ejercía un exceso de control sobre todo, una especie de obsesión por no perder nunca el poder sobre las cosas y las personas, que lo obligaba a un esfuerzo sobrehumano de atención a todos los detalles, incluida la forma física. Trabajaba en la empresa más de diez horas al día, dedicaba más de dos horas al ejercicio físico y otras dos horas al estudio, de modo que solo dormía entre cuatro y seis horas. Había escalado algunas cimas del Himalaya, había participado en la maratón de Nueva York y en el Ironman de Hawai, y había pasado tres meses en un monasterio tibetano bajo la tutela de un rígido maestro zen. Su petición de ayuda estaba dictada por la necesidad de encontrar nuevas motivaciones y estímulos: sentía que había perdido el entusiasmo, que ya no tenía retos que superar. Se trataba de la paradoja del vencedor, que se deprime cuando ya no tiene retos interesantes que afrontar, una situación que puede asociarse a la soledad del caudillo condenado a capitanear siempre por ser punto de referencia para todos los que le rodean. Secundando esta percepción y poniendo el énfasis tanto en los aspectos gratificantes como en los negativos, esto es, la soledad y la tendencia a deprimirse, se le propuso un reto más difícil que todos los que había superado hasta entonces: debía tener el valor de equivocarse voluntariamente en algo, por supuesto nada comprometedor, mostrando a los demás su fragilidad y pidiendo ayuda a las personas más próximas. Como herido por un rayo, el *performer*, que hasta entonces había mantenido una actitud distante, tuvo una reacción emocional incontrolable: las lágrimas se deslizaron por su rostro pétreo y su expresión se suavizó. Se le explicó que debía empezar a cultivar la imperfección para seguir siendo perfectible, mostrar un poco de fragilidad para seguir fortaleciéndose: cuando se ha llegado a la cima de la montaña que hemos escalado con dificultad, comienza el viaje más difícil, el viaje a nuestro interior. Trabajamos juntos a lo largo de varias sesiones, en las que observamos un creciente relajamiento de la rigidez personal, acompañado de una clara mejora en sus relaciones interpersonales. Concretamente, en consonancia con su solicitud de ayuda, había recuperado las ganas de involucrarse profesionalmente. Había aceptado una oferta especialmente exigente de una gran multinacional, dejando el cargo seguro de director ejecutivo que ocupaba desde hacía algunos años. Actuó como un auténtico *performer* que no puede apoltronarse porque, como hemos visto, es un «buscador» que necesita estar explorando continuamente. Como testimonio del proceso de cambio, el guerrero que hasta entonces había sido frío y destructible escribió un libro, una novela autobiográfica en la que el relato de su vida profesional y de los retos superados culmina en el viaje final a sus emociones más recónditas y su capacidad de gestionarlas.

De un tipo y complejidad muy distintos fue la ayuda prestada a un campeón de lucha que presentaba un bloqueo similar al del mánager, esto es, un desplome de la motivación. El deportista, que había ganado los títulos más importantes de los últimos diez años, estaba aburrido y cansado, pero en breve debía disputar los campeonatos mundiales. Era preciso recuperar la motivación y la concentración. Para desbloquear al gran luchador fue suficiente aplicar la técnica del *problem solving* del «escenario más allá del problema»: todas las mañanas debía imaginar su nueva vida sin competiciones ni combates, serenamente instalado sobre los laureles conquistados, relajado, disfrutando la tranquilidad de días sin compromisos ni entrenamientos fatigosos. Mientras se le sugería la prescripción, inmediatamente aparecieron en su rostro señales de disgusto y repulsión. Al cabo de dos semanas de ejercicio, el luchador dijo haber sentido una aversión tan fuerte que reaccionó recuperando la alegría de entrenarse con vistas a conseguir el triunfo, como efectivamente sucedió.

En este caso fue suficiente una estratagema paradójica, perfectamente adaptada a las características del sujeto y a su tipo de actividad, para desbloquear la crisis motivacional. En el caso anterior, en cambio, fue necesario un proceso de cambio y de evolución personal real.

Hemos visto dos tipos diferentes de intervención sobre la *performance:* la primera dirigida a problemas personales y relacionales, que pasaron de ser motor del éxito a límite; la segunda regulada a partir de situaciones críticas que surgen en la propia prestación y que por esto pueden ser desbloqueadas con mucha mayor rapidez y de forma aparentemente mágica.

Hace unos años, una figura ascendente en el campo de la lírica vino a verme a causa de un bloqueo de la *performance* realmente curioso. Con el tiempo, el cantante había desarrollado una incapacidad para enfrentarse a una nota concreta, afortunadamente poco frecuente en su repertorio, pero que en cualquier caso no estudiaba y tendía a evitar. Como se sabe, lamentarse constantemente de algo que tememos aumenta el miedo y la sensación de incapacidad para afrontarlo. Como suele suceder, el destino nos coloca al borde del precipicio: el cantante fue contratado para realizar una gira por Sudamérica y dos piezas del repertorio incluían justamente esa nota que le creaba problemas. El hombre habría preferido echarse atrás, pero eso suponía renunciar a una ocasión de oro para su carrera. Al analizar el problema se vio que, en realidad, la nota temida no era técnicamente difícil: el cantante la había transformado en una fijación después de cometer un error en el transcurso de un recital, error que, por otra parte, había quedado convenientemente disimulado y nadie había advertido, excepto su profesora, que se lo hizo notar. A partir de aquel momento, el hombre trabajó muy duro para no volver a tropezar en aquella nota y eso produjo el efecto paradójico del «control que hace perder el control». A continuación puso en práctica la estrategia de la evitación, seleccionando un repertorio que no incluyera aquella pieza. Con el pretexto de «déjame entender mejor el problema», le pedí que me mostrara personalmente cómo tropezaba con esa nota. El hombre, entre sorprendido y divertido, empezó a cantar pero, con gran sorpresa por su parte, interpretó perfectamente la pieza. Le repliqué que de este modo no me permitía comprender mejor el problema, y le pedí que me ofreciera otra aria: continuamos con numerosas interpretaciones de los temidos pasajes en los que se esforzaba por tropezar en aquella nota, pero sin conseguirlo. Tras esta inequívoca experiencia emocional correctiva le expliqué qué recurso había utilizado para desbloquear su *performance,* es decir, la paradoja de «si quieres enderezar una cosa, aprende a retorcerla más», indicándole que se entrenara a diario en este absurdo ejercicio. La gira por Sudamérica fue un éxito clamoroso.

Ahora bien, cuando debemos mejorar las *performance* de un grupo hay que modificar las estrategias. En este caso es frecuente que se nos presenten dos posibilidades de actuación: trabajar directamente con el grupo, por ejemplo un equipo de fútbol o un equipo de una empresa, o bien trabajar con los que deberán gestionar directamente el grupo, como por ejemplo un entrenador o un jefe de equipo.

En el caso de un trabajo de equipo habrá que analizar cuidadosamente las «redundancias» comunicativas y relacionales en el seno del grupo, identificando las dinámicas, casi siempre automáticas, con las que cada miembro influye negativamente en el otro perjudicando la *performance.* Se trata, en este caso, del conocido «efecto Pigmalión».[2]

2. El efecto Pigmalión también se conoce como «profecía autocumplida» o «efecto Rosenthal», por el nombre del psicólogo alemán que habló por primera vez de este fenómeno. Se trata de una forma de sugestión psicológica por la que las personas tienden a adaptarse a la imagen que otros individuos tienen de ellos, ya sea esta positiva o negativa. Robert Rosenthal sometió a unos niños de una escuela de primaria a un test de inteligencia. Luego, se

En este sentido, basta pensar en los «rumores» en una empresa: una mentira dicha durante la pausa del café entre dos empleados puede generar tal flujo de comunicación entre las personas que la falsedad se transforma en verdad, justamente en virtud de lo que hacen las personas para comprobar su veracidad.

No hace falta describir las consecuencias nefastas para la empresa que puede generar esa dinámica: se trata de «esparcir» un virus comunicativo que, gracias al boca a boca, «enferma» las relaciones.

Las técnicas del *problem solving* estratégico son los instrumentos principales y más eficaces para la creación de un equipo sólido, unido y orientado. Hacer trabajar en sinergia a un grupo de personas para resolver un problema común, además de hallar la solución, crea un efecto secundario de importancia capital, esto es, las une hacia un objetivo común. El «yo» individual se convierte indirectamente en un «nosotros» de grupo.

Desde nuestro punto de vista, las maniobras indirectas son las más beneficiosas y las más eficaces porque no chocan con la natural resistencia al cambio que presenta todo sistema y todo individuo. En este tipo de trabajo, el *coach* ha de ser como el director de orquesta, que no interpretará

---

seleccionaron al azar algunos niños y se hizo creer a los maestros que esos tenían una inteligencia superior a la media. La creencia transmitida a los maestros les hizo cambiar la actitud frente a esos niños. En poco tiempo el rendimiento de los alumnos seleccionados mejoró notablemente. El efecto Pigmalión puede activarse también en las relaciones entre empleados y empleadores o en todos aquellos casos en los que se desarrollen relaciones sociales. Cada individuo consigue ser tratado y considerado como espera que los otros lo hagan.

la música en primera persona, sino que proporcionará el ritmo y las dinámicas correctas hasta hallar la solución.

El trabajo de grupo deberá combinarse con el trabajo individual: la mayoría de las veces los individuos presentan bloqueos diferentes según cuál sea la percepción de su realidad, de su trayectoria personal y de sus proyecciones futuras.

Deberemos prestar especial atención al futuro del sujeto con el que estamos trabajando, puesto que el 90% de las decisiones están condicionadas por lo que cada individuo espera obtener o teme que pueda ocurrir en un futuro próximo. En este caso tendremos que trabajar con técnicas *solution oriented,* creando una percepción funcional del futuro que redefinirá las acciones en el presente.

Siempre habrá que tener en cuenta las palabras del biólogo austriaco Ludwig von Bertalanffy, creador de la Teoría general de sistemas: «Un elemento de un sistema puede influir en el propio sistema exactamente igual que el sistema puede influir en los elementos que se hallan en su interior».

En la segunda opción, es decir, cuando hemos de trabajar con un sujeto para elevar la *performance* de un grupo, la intervención deberá ser completamente distinta. Mediante técnicas de comunicación y de *problem solving* estratégico, habrá que analizar al detalle todas las estrategias disfuncionales que el sujeto ha puesto en práctica para tratar de alcanzar los objetivos con el equipo, así como el tipo de comunicación utilizada, los efectos de su liderazgo (muchas veces un grupo no obtiene resultados satisfactorios precisamente a causa de un liderazgo disfuncional) y las estrategias operativas que han funcionado hasta ese momento. Todo esto nos llevará a identificar el sistema perceptivo-reactivo global del grupo y, en consecuencia, las estrategias más funcionales que hay que utilizar.

No es casual que las interacciones en el seno de los grupos sean casi siempre expresión de la modalidad comunicativa de quien lo dirige.

Si un equipo es dirigido por un entrenador paranoico, las dinámicas internas irán orientadas a la protección preventiva o a la desconfianza mutua; un mánager extremadamente obsesivo generará en el equipo dinámicas basadas en el control exacerbado de los procesos, etc.

Una vez comprendida la dinámica entre el sujeto y el grupo, ayudaremos a la persona a adoptar la postura que mejor complemente la *performance* del equipo mediante estratagemas *ad hoc*.

Al comienzo de la última temporada del campeonato de fútbol vino a vernos un entrenador de la serie A que deseaba mejorar el rendimiento de su equipo, pero ningún jugador debía saber que había profesionales de la *performance* involucrados. Se vio claramente que el entrenador, de forma inconsciente, había responsabilizado fuertemente a los jugadores de su función y de sus acciones. Esta dinámica, que puede parecer una modalidad funcional para gestionar un grupo, había creado un bloqueo en las relaciones entre los jugadores, por lo que cada uno intentaba actuar de la mejor manera posible para él mismo y no para el equipo, intentando controlar cada movimiento. El resultado fue un bloqueo total de la actividad, y los once jugadores parecían jugar contra sus propios compañeros y no contra el equipo rival. En este caso era evidente que el sistema perceptivo-reactivo del entrenador y del grupo estaba orientado al control y a la escasa confianza mutua. Para desbloquear esta situación utilizamos la imagen de los guerreros espartanos, que eran responsables no solo de su propia acción, sino también de la de su compañero más próximo. De este modo, mediante la estratagema llamada «surcar el mar a espaldas del cielo» dirigimos la atención de cada jugador hacia el compañero, diciéndole claramente que si el otro se equivocaba, parte de la responsabilidad recaería en su vecino. Esta maniobra provocó una dinámica en la que cada jugador ayudaba al que se encontraba en dificultades, y este a su vez ayudaba a otro jugador, y así sucesivamente. Por la vía indirecta el equipo recuperó la confianza y, tras un comienzo de temporada catastrófico, los jugadores están hoy luchando como leones por los primeros puestos.

En este sentido, son importantes las palabras del mejor jugador de baloncesto de todos los tiempos, Michel Jordan, que afirmaba: «Los partidos se ganan con el talento, pero los campeonatos se ganan con el trabajo de equipo y la inteligencia».

Por último, tenemos la situación en que, para elevar la *performance* de un individuo con talento, se trabaja para que adquiera todo lo que le falta para conseguir resultados extraordinarios. Son los casos en que se planifica un proceso no a corto plazo, sino con soluciones de mejora progresiva desde las primeras fases del proceso. El objetivo es ir suprimiendo todos los obstáculos que impiden la adquisición de las habilidades descritas anteriormente y que caracterizan al *performer* extraordinario: la determinación resiliente, la flexibilidad de seguir siendo uno mismo cambiando constantemente, la inconsciencia educada y la capacidad de entrar en el estado de gracia del trance performativo.

En resumen, debe permitirse que el talento puro, que ya se ha manifestado, se exprese no forzándolo, sino facilitando la mejora y rodeándolo de un clima de total libertad. El talento puro que aún no se ha manifestado a un alto nivel debe recibir ayuda para eliminar las barreras que le impiden conseguir los resultados extraordinarios a los que puede aspirar. El talento manifestado pero atascado debe ser guiado mediante técnicas de *problem solving* estratégico para desbloquear los recursos inhibidos por el problema. El talento no manifestado, o manifestado pero bloqueado por problemas personales y relacionales, hay que ayudarlo mediante técnicas de *problem solving* estratégico, *coaching* o psicoterapia breve estratégica para que se libere de los nudos emocionales que le impiden obtener el rendimiento deseado. El talento que ha de manifestarse plenamente debe guiarse hacia la creación de una personalidad típica de *performer* extraordinario a través de una especie de proceso iniciático paralelo de crecimiento personal y de evolución progresiva de la actuación.

Lo que no hay que olvidar nunca es que el talento es como un diamante que hay que tratar con mucho cuidado, que es tan precioso como frágil, capaz de cortar lo más duro pero que, si se cae, puede romperse en mil pedazos.

La persona que posee talento debe ser tratada como la piedra más preciosa. Hay que trabajarla con destreza, golpeándola no con demasiada fuerza ni con demasiada suavidad, tallándola en los puntos exactos para que resplandezca con toda la luz que puede emitir.

Bibliografía

BAUMAN, Z. (2000/2011), *Liquid Modernity*, Cambridge, Polity Press (trad. cast.: *Modernidad líquida*, trad. de Mirta Rosenberg y Jaime Arrambide Squirru, México, Fondo de Cultura Económica, 2003).

BERNARD, C. (1859), *Introduction à l'étude de la médecine éxperimentale*, París, Collège de France (trad. cast.: *Introducción al estudio de la medicina experimental*, trad. de Antonio Espina, Barcelona, Crítica, 2005).

BINET, A. (1916), *The Development of Intelligence in Children*, Baltimore, Williams & Wilkins (trad. cast.: *La medida del desarrollo de la inteligencia en los niños*, trad. de Jacobo Orellana Garrido, Madrid, Librería de los Sucesores de Hernando, 1918).

BRAID, J. (1843), *Braid on Hypnotism, Neurypnology or the Rationale of Nervous Sleep Considered in Relation to Animal Magnetism or Mesmerism and Illustrated by Numerous Cases of its Successful Application in the Relief and Cure of Disease*, Londres, Redway.

CAGNONI, F. y MILANESE, R. (2009), *Cambiare il passato. Superare i traumi con la terapia strategica*, Milán, Ponte alle Grazie (trad. cast.: *Cambiar el pasado. Superar las experiencias traumáticas con la terapia estratégica*, trad. de Jordi Bargalló, Barcelona, Herder, 2010).

CATTEL, R. (1950), *Personality. A Systematic, Theoretical and Factual Study*, Nueva York, McGraw-Hill.

CHARCOT, J.M. (1880), *Leçons sur les maladies du système nerveux: faites à la Salpêtrière*, París, A. Delahaye (trad. cast.: *Lecciones sobre las enfermedades del sistema nervioso dadas en la Salpêtrière*, traducción de Manuel Flores y Pla, Madrid, Libr. de Hernando y Compañía, 1898).

DAMASIO, A. (2010), *Self Comes to Mind. Constructing the Conscious Brain*, Nueva York, Pantheon.

ELSTER, J. (1985) (ed.), *The Multiple Self*, Cambridge, Cambridge University Press.

EYSENCK, H. (1997), *Dimensions of Personality*, Londres, Routledge.

EYSENCK, J. (1975), *Eysenck personality inventory: Personality Structure and Measurement*, Londres, Routledge.

FOERSTER, H., VON (1974), «Kybernetik einer Erkenntnistheorie», en Keidel, W.D., Händler, W. y Spring, M. (eds.), *Kybernetik und Bionik*, Múnich, Oldenburg.

GAZZANIGA, M. (1999), *La mente inventata*, Milán, Guerini.

GLASERSFELD, E., von (1975), *Radical Constructivism*, Londres, The Falmer Press.

JANET, P. (1919), *Les médications psychologiques*, París, Alcan.

KAGAN, J. (2002), «An Unwilling Rebel», en Sternberg, R.J. (ed.), *Psychologists Defying the Crowd*, Washington, American Psychological Association.

KAHNEMAN, D. (2011), *Thinking, Fast and Slow*, Nueva York, Farrar and Giroux.

KOCH, C. (2012), *Consciousness: Confessions of a Romantic Reductionist*, Boston, The MIT Press.

LeDoux, J. (2002), *Synaptic Self. How Our Brains Become Who We Are*, Nueva York, Penguin.

Milanese, R. y Milanese, S. (2015), *Il tocco, il rimedio, la parola. La comunicazione tra medico e paziente come strumento terapeutico*, Milán, Ponte alle Grazie [trad. cast.: *El contacto, el remedio, la palabra. La comunicación entre médico y paciente*, Barcelona, Herder, 2020, en preparación].

Milanese, R. y Mordazzi, P. (2007), *Coaching strategico. Trasformare i limiti in risorse*, Milán, Ponte alle Grazie (trad. cast.: *Coaching estratégico. Cómo transformar los límites en recursos*, trad. de Jordi Bargalló, Barcelona, Herder, 2012).

Nardone, G. (1993), *Paura, panico, fobie. La terapia in tempi brevi*, Milán, Ponte alle Grazie (trad. cast.: *Miedo, pánico, fobias*, trad. de Maria Pons, Barcelona, Herder, 2012).

Nardone, G. (1998), *Psicosoluzioni. Risolvere rapidamente complicati problemi umani*, Milán, BUR (trad. cast.: *Psicosoluciones. Cómo resolver rápidamente problemas humanos complicados*, trad. de Juliana González, Barcelona, Herder, 2012).

Nardone, G. (2003), *Cavalcare la propria tigre. Gli stratagemmi nelle arti marziali ovvero come risolvere problemi difficili attraverso soluzioni semplici*, Milán, Ponte alle Grazie (trad. cast.: *El arte de la estratagema*, trad. de Maria Pons, Barcelona, Herder, 2013).

Nardone, G. (2013), *Psicotrappole ovvero le sofferenze che ci costruiamo da soli: imparare a riconoscerle e a combatterle*, Milán, Ponte alle Grazie (trad. cast.: *Psicotrampas: identifica las trampas psicológicas que te amargan la vida y encuentra las psicosoluciones para vivir mejor*, trad. de Carmen Torres y Teresa Lanero, Barcelona, Paidós, 2014).

NARDONE, G. (2015), *La nobile arte della persuasione. La magia delle parole e dei gesti*, Milán, Ponte alle Grazie.

NARDONE, G. (2016), *La terapia degli attacchi di panico. Liberi per sempre dalla paura patologica*, Milán, Ponte alle Grazie (trad. cast.: *La terapia de los ataques de pánico. Libres para siempre del miedo patológico*, trad. de Maria Pons, Barcelona, Herder, 2016).

NARDONE, G. (2017), *Sette argomenti essenziali per conoscere l'uomo*, Milán, Ponte alle Grazie (trad. cast.: *Siete cuestiones esenciales para conocer al ser humano*, trad. de Juan Carlos Gentile, Barcelona, Plataforma editorial, 2019).

NARDONE, G. y BALBI, E. (2008), *Solcare il mare all'insaputa del cielo. Lezioni sul cambiamento terapeutico*, Milán, Ponte alle Grazie (trad. cast.: *Surcar el mar a espaldas del cielo. Lecciones sobre el cambio terapéutico y las lógicas no ordinarias*, trad. de Jordi Bargalló, Barcelona, Herder, 2018).

NARDONE, G. y DE SANTIS, G. (2011), *Cogito ergo soffro. Quando pensare troppo fa male*, Milán, Ponte alle Grazie (trad. cast.: *Pienso, luego sufro. Cuando pensar demasiado hace daño*, trad. de Pere Salvat, Barcelona, Paidós, 2012).

NARDONE, G., GIANNOTTI, E. y ROCCHI, R. (2001), *Modelli di famiglia. Conoscere e risolvere i problemi tra genitori e figli*, Milán, Ponte alle Grazie (trad. cast.: *Modelos de familia. Conocer y resolver los problemas entre padres e hijos*, trad. de Jordi Bargalló, Barcelona, Herder, 2003).

NARDONE, G., LORIEDO, C., ZEIG, J. y WATZLAWICK, P. (2006), *Ipnosi e terapie ipnotiche. Misteri svelati e miti sfatati*, Milán, Ponte alle Grazie (trad. cast.: *Hipnosis y terapias hipnóticas. Una guía que desvela el verdadero poder de la hipnosis*, trad. de Jordi Bargalló, Barcelona, RBA, 2008).

NARDONE, G., MERINGOLO, P. y CHIODINI, M. (2017), *Che le lacrime diventino perle. Sviluppare la resilienza per trasformare le nostre ferite*, Milán, Ponte alle Grazie.

NARDONE, G. y MILANESE, R. (2018), *Il cambiamento strategico*, Milán, Ponte alle Grazie (trad. cast.: *El cambio estratégico*, trad. de Maria Pons, Barcelona, Herder, 2019).

NARDONE, G. y RAMPIN, M. (2005), *La mente contro la natura. Terapia breve strategica dei problemi sessuali*, Milán, Ponte alle Grazie (trad. cast.: *La mente contra la naturaleza. Terapia breve estratégica para los problemas sexuales*, trad. de Jordi Bargalló, Barcelona, RBA, 2007).

NARDONE, G. y SALVINI, A. (2004), *Il dialogo strategico. Comunicare persuadendo: tecniche evolute per il cambiamento*, Milán, Ponte alle Grazie (trad. cast.: *El diálogo estratégico. Comunicar persuadiendo: técnicas para conseguir el cambio*, trad. de Jordi Bargalló, Barcelona, Herder, 2011).

NARDONE, G., SIRIGATTI, S. y STEFANILE, C. (2008), *Le scoperte e le invenzioni della psicologia*, Milán, Ponte alle Grazie (trad. cast.: *El descubrimiento y los hallazgos de la psicología. Un viaje a través de la mente humana*, trad. de Carlos Vitale, Barcelona, Paidós, 2011).

NARDONE, G. y TANI, S. (2018), *Psicoeconomia. Gestire fallimenti, realizzare successi*, Milán, Garzanti.

NARDONE, G. y WATZLAWICK, P. (1990), *L'arte del cambiamento. Manuale di ipnosi senza trance*, Milán, Ponte alle Grazie (trad. cast.: *El arte del cambio. Trastornos fóbicos y obsesivos*, trad. de Antoni Martínez Riu, Barcelona, Herder, 2011).

Nardone, G. y Wittezaele, J.J. (2016), *Une logique des troubles mentaux*, París, Seuil.

Raven, J.C. (1966/2008), *Matrici progressive di Raven. SPM (per adulti)*, Florencia, Giunti operazioni speciali (trad. cast.: *Matrices progresivas [de] Raven. Escalas: CPM color, SPM general, APM superior / J.C. Raven, J.H. Court y J. Raven*, compilación y redacción de Nicolás Seisdedos Cubero, Madrid, TEA, 1995).

Salvini, A. (1995), «Gli schemi di tipizzazione della personalità in psicologia clinica e psicoterapia», en Pagliaro, G. y Cesa-Bianchi, M. (eds.), *Nuove prospettive in psicoterapia e modelli interattivo-cognitivi*, Milán, Franco Angeli.

Sanmartín, J. (2005), *El terrorista. Cómo es. Cómo se hace*, Barcelona, Ariel.

Shannon, C.E. y Weaver, W. (1949), *The Mathematical Theory of Communication*, Urbana, University of Illinois Press.

Watzlawick, P. (ed.) (1981), *Die Erfundene Wirklichkeit*, Múnich, Piper (trad. cast.: *La realidad inventada. Cómo sabemos lo que creemos saber*, trad. de Nélida M. de Machain, Ingeborg S. de Luque y Alfredo Báez, Barcelona, Gedisa, 1995).

Watzlawick, P., Weakland, J.H. y Fisch, R. (1974), *Change. Principles of Problem Formation and Problem Resolution*, Nueva York, Norton (trad. cast.: *Cambio. Formación y solución de los problemas humanos*, trad. de Alfredo Guéra Miralles, Barcelona, Herder, 2003).

Wechsler, D. (1998/2004), *WISC-R scala di intelligenza manuale*, Florencia, Giunti Organizzazioni Speciali (trad. cast.: *WISC-R [Equipo]. Escala de inteligencia de Wechsler para niños-revisada,* adaptación española de M.ª Victoria de la Cruz López y Agustín Cordero Pando, Madrid, TEA Ediciones, 1998).

WITTGENSTEIN, L. (1980), *Remarks on the Philosophy of Psychology*, Oxford, Blackwell (trad. cast.: *Observaciones sobre la filosofía de la psicología*, trad. de Luis Felipe Segura, México, Universidad Nacional Autónoma de México, 1997).